신체훈련론

이흥진

교학연구사

〉〉〉 머 리 말

"태초의 하나님이 천지를 창조하시니라.(창1:1) 하나님이 자기 형상 곧 하나님의 형상대로 사람을 창조하시되 남자와 여자를 창조하시고(창1:27)

하나님이 그들에게 복을 주시며 그들에게 이르시되 생육하고 번성하며 땅에 충만하라, (창1:28上)

인간이 존재함은 분명 하나님의 축복으로 복된 삶을 영위하여야 하나 아름다운 사연을 스스로 파괴하여 아름다움을 잊어 버렸고, 탐욕으로 인하여 건강을 잊어버린 삶을 살고 있다.

우리의 삶속에서 탐욕만을 버린다면 하나님이 주신 이 세상에서 모든 사람이 부족함없이 살아갈 수 있을 것이지만 현실은 불균형을 이루며 살아간다. 한 곳에서는 먹을 것이 없어 굶주리는가 하면 한쪽에서는 음식물 과잉 섭취로 비만을 가져온 현실이다.

"재산을 잃은 것은 조금 잃은 것이요, 친구를 잃은 것은 많이 잃은 것이요, 건강을 잃은 것은 모두 잃은 것이다." 했다. 현실에 아주 적합한 말인 것 같다. 기계문명과 물질만능으로 온갖 혜택을 풍요롭게 구가하면서 움직임은 적고 음식은 최상이어서 죽음의 사중주가 시작되었다. 죽음의 사중주는 고지혈증 · 복부미만 · 당뇨 · 고혈압인데 이들 사인방이 합작을 시작하면 혈관을 막아 죽음에 이르게 한다.

이러한 현실에서 보면 잘 먹고 잘사는 것이란 매우 위험한 현상이다. 조금 부족한 듯하고 늘 움직이며 충분한 여가를 즐길 수 있어서 건강을 유지한다면 그것이 바람직한 삶의 모습일 것이다. 그러나 현실에서는 운동량 부족으로 인하여 성인병의 노출이 되고 그로 인하여 병원은 만원사례이다. 요즘 걷기운동이 센세이션을 일으키고 있다. 이 운동에 관한 내용 속에는 걷기운동의 요결이 알기 쉽게 설명되어 있어 큰 효과가 있을 것이다.

이 책은 신체훈련이라는 의미에서 다양한 운동방법론을 제시 하는데 운동을 실시함에 있어서 숙지해야할 부분을 다양하게 다루었고, 특히 움직임에서 시작하여 마무리되기까지 전 과 정을 체계적으로 담기 위하여 노력하였다. 그러나 더욱 중요한 것은 움직임 즉 스포츠로 인하여 생활의 활력이 생기고더 나아가서 삶의 의욕을 갖게 하여 무슨 일이든지 할 수 있다는 긍정적 삶을 얻게 하기 위하여 무예의 일부분도 삽입하였다.

교재의 구성은 9장으로 구성되었으며, 제1장은 체력에 관한 모든 것을 담았고, 제2장은 체력측정을 제3장은 운동처방을 담았고, 제4장은 신체의 역할을 제5장에서는 신체

훈련론으로 다양한 신체운동방법론을 담았고, 제6장은 응급처치를 제7장은 배우는 권법동작으로 무예동작을 접하게 하였으며, 제8장은 성인병과 운동을 담았고, 제9장은 스포츠상해 예방과 치료을 알기 쉬게 서술하였다.

무더운 삼복더위 속에서 신체훈련론의 원고를 마무리하게 되니 기쁘지만 마음 한곳에는 무엇인가 부족함이 느껴져 옵니다. 그러나 힘을 내어 이 책을 마무리하고 다음에 집필하게 될 때에는 최선을 다할 것을 다짐합니다. 이 모든 것 하나님께 영광 돌립니다. 감사합니다.

2008년 1월 저자

〉〉〉 목 차

제7장 배우는 권법 동작 ······ 157

제8장 성인병과 운동 ······ 172

››› 표 목차

〉〉〉 그림 목차

제1장 체력

1. 체력의 정의

오늘날 문명의 발달로 우리의 욕구 수준은 극대화 되어가고 있으며 모든 설비가 자동화되어 최상의 편리한 생활을 영위하고 있다.

문명의 이기로 인하여 신체관리 능력은 놀라운 정도로 급성장하였지만, 고도의 발달 뒤안길에는 운동 부족 현상으로 우리의 체력이 점차 쇠퇴해져 가고 있는 실정이다.

현대인이 지금처럼 다리와 발을 소홀히 다루면 앞으로 20~30년 후에는 곧바로 서서 걷기가 불가능할 정도로 다리와 발이 퇴화될 가능성이 있다고 주장하는 학자도 있다. 문명의 발달에 발맞추어 나가려면 우리는 지속적인 체육활동 즉 신체훈련으로 체력을 다져나 가야 할 것이다.

체력이 뒷받침이 되어야 건강한 삶속에서 개개인의 욕구도 채우고 사회에 봉사도 할 수 있을 것이니 체력증강은 매우 시급한 일이라 할 것이다. 재산을 잃은 것은 조금 잃은 것이요, 건강을 잃은 것은 모두 잃은 것이라 하였다.

이 같은 이론과 상황에서 볼 때 체력이란 신체적 활동을 하기 위한 신체적 영역의 총체이다. 즉, 어떤 일을 수행함에 있어 그 일을 끝까지 효과적으로 할 수 있는 신체적 바탕을 체력이라 볼 수 있는 것이다. 큐레톤(Cureton)은 체력을 정의함에 있어 체력 및 신체기관의 효율, 운동적성 등을 포함시켜 다음과 같이 설명하고 있다.

'체력이란 삶을 보람찬 인생으로 만들어 주는 모든 활동의 근원으로 인간의 지속적인 생활, 정신적인 생활, 직장생활, 각종 사회생활 등 이를테면 나무에서 가지 많은 나무로 비유하여 나무의 총체가 바로 체력이고 가지가 생활' 이라 하였다. 이 때 수많은 가지에서는 많은 양의 필요한 물질을 요구하게 되는데 총체인 체력이 약해서는 많은 가지의 필요한 물질을 공급할 수 없어 몸이 쇠약해질 수밖에 없을 것이다.

이처럼 체력은 모든 것의 근원이며 기본이기에 가장 중요한 것이라 정의할 수 있다.

2. 체력의 분류

체력의 분류에서 체격이 크고 근력이 강하다는 것으로 체력의 강함을 의미하는 것으로 여기는데 매우 잘못된 인식이다.

체력이 강하다는 것에 필요조건은 되지만 충분조건은 될 수 없기 때문이다. 현재까지 학자들에 의해 연구 분석된 체력의 구성 요소를 보면 알 수 있을 것이다. 체력의 구성요소는 약 70 여 가지에 이르지만 종합하여 보면 크게 세 가지로 분류할 수 있다.

1) 의학상의 기능
2) 신체측징학상의 기능
3) 신체적 기능

이 세 가지 기능을 세분하여 보면 다음과 같다.

1) 의학상의 기능 - 신경계의 기능, 심장순환계의 기능, 소화계의 기능, 근육계의 기능, 내분비계의기능, 기타 일반적인 건강 등
2) 신체측정학상의 기능 - 신체의 발달, 자세, 유연성
3) 신체적 기능 - 약 40여개의 구성요소, 민첩성, 정확성, 균형, 근력, 지구력, 속도

또, 일본의 「이시고」는 체력을 인간과 환경의 관계로부터 활동력, 저항력으로 분류하였다. 그 활동력과 저항력을 알아보면다음과 같다.

· 활동력 – 활동을 일으키려는 능력, 활동을 계속하려는 능력
· 저항력 – 화학적 스트레스에 견디는 능력, 생물적 스트레스에 견디는노력, 생리적 스트레스에 견디는 능력, 정신적 스트레스에 견디는 능력.

활동력의 세 가지 능력을 자동차에 비유하여 설명하면 활동력은 자동차의 엔진, 연료, 핸들의 기능과 유사하다.

즉, 신체의 경우「엔진은 근육계의 능력에 해당되고」
「연료는 호흡 순환계의 능력에 해당되고」
「핸들은 신경계에 해당 된다」.

이 같은 상황에서 볼 때 운동능력과는 별도의 능력인 체력의 저항력, 즉 방위체력이 요구되는데 현대사회의 특징인 각종 공해와 복잡한 사회구조 속에 개개인의 능동적인 삶을 영위하기 위해서는 탁월한 방위 체력이 요구된다.

체력을 향상시키기 위해서는 각종 자연현상에 적응하는 능력을 높이는 노력이 반드시 필요하고, 또 모든 악조건을 극복할 수 있는 신체를 주어진 환경에서 단련하고 자연에 익숙토록 해야 한다.

체력구성요소들 중 활동능력을 운동능력과 관련하여 재론하면 힘(力)을 발휘할 수 있는 능력은 운동발현능력이며, 힘(力)을 오래 지속할 수 있는 능력은 운동지속능력이다, 그리고 힘을 조절할 수 있는 능력은 운동조절 능력이다.

〈표 1〉 체력의 구성요소

운동 발현 능력	=	근 력 순 발 력
운동 지속 능력	=	근지구력 심폐지구력
운동 조절 능력	=	민첩성 평행성 협응성 유연성

3. 에너지

우리는 심한 운동 후나 노동 후에 에너지가 남은 것이 없어서, 또는 '있는 힘을 다해 힘을 준다.'는 말을 한다. 이것이 우리 신체의 내재되어 있던 에너지가 빠른 시간 안에서 열에너지로 전환되는 어려움을 말하는 것이다.

신체활동이라는 것과 체력의 근원을 과학적 개념으로 볼 때 밀접한 관계인 에너지 생산과정 및 분해과정이라고 할 수 있다.

신체는 음식물을 섭취 한 후 소화기관에서 얻어진 에너지를 각 기관에서 사용하여 노동이나 운동, 또는 스포츠 활동을 수행한다. 채식을 주로 하는 민족과 육식을 주로 하는 민족으로 구분하면 채식을 주로 하는 민족보다는 육식을 하는 민족이 장시간에 걸쳐 각종 운동이나 노동을 수행할 수 있음을 볼 수 있다.

에너지를 분류하면 아래와 같다.

1) 화학적 에너지
2) 기계적 에너지
3) 열 에너지
4) 빛 에너지
5) 전기 에너지
6) 핵에너지

위와 같이 여섯 가지로 분류하고 있는데 에너지는 하나의 형태에서 다른 형태로 바뀌어 질 수 있다. 음식물을 섭취하는「화학적 에너지」가 운동이라는「기계적 에너지」로 전환되고, 다시「열에너지」로 전환되어 우리가 힘을 얻어 운동을 수행할 수 있는 것이다.

에너지 형태가 바뀌는 변화과정은 실로 웅장하고 기묘하다. 운동의 종류에 따라서 여러 가지 변화과정을 거치기 때문에 에너지가 만들어지고, 운반되고, 소멸되기까지의 전 과정을 모두 다 이해할 수는 없다.

음식물이 분해될 때 방출되는 에너지는 운동수행에 직접적으로 사용되는 것이 아니고 A.T.P.(Adenosine Triphosphate, 아데노신 3인산)이라고 하는 화합물을 만드는데 사용된다. 이 A.T.P.는 인체근세포에 저장되어 있다가 필요시(신체운동, 활동, 노동)에 분해, 에너지로 변환하여 운동능력을 갖게 된다.

A.T.P.는 Adenosine과 3개인 인산염을 함유하는 특수한 화학적 복합물로서 3개의 인산염 중 끝에 있는 인산염이고 에너지로 결합되는데 인산염 하나가 분해되면서 나오는 에너지가 '근' 활동을 수행하는 에너지인 것이다.

어떤 특정운동에 필요한 에너지양은 그 운동강도와 지속시간에 따라 변한다. 이때 에너지를 공급하는 체계는 일정한 것이 아니고 세 가지 체계로 구분된다. 각각 다른 화학적 방법으로 '근' A.T.P.를 공급하며 이 세 가지 에너지 공급체계는 「A.T.P.-PC체계, 젖산체계, 산소체계」로서 상호 보안하게 된다.

그러면 에너지란 무엇인가? 한마디로 정의하기는 매우 어렵다. 실제로 인간의 몸속에서 작용하는 에너지를 취급한 사람도 없고 본 사람도 없기 때문이다. 그러나 누구든지 에너지의 위력과 효력은 느끼고 있을 것이다. 전기줄에 전기가 흐르는 것을 볼 수 없지만 만지면 전기를 느낄 수 있고, 전등을 켜면 밝아지는 것을 알 수 있듯이 말이다.

앞에서 언급한 바와 같이 여섯 가지 형태에 에너지를 재차 설명하면 음식물 섭취로 인한 화학적 에너지를 신체에서 전기 에너지로 바꾼다.

근육수축을 위한 자극이 바로 전기 에너지이다. 심장병 환자가 병원에 가면 심전도 검사를 받는데 이는 심장근의 전기자극을 종이에 그래프 형태로 기록하는 것이고 '근' 전도는 골격근에 나타나는 전기 자극을 그래프 형태로 기록하는 것이다.

4. 트레이닝 이론

1) 트레이닝의 정의

트레이닝이란 스포츠 경기력의 향상을 도모하기 위하여 신체적 운동능력을 계획적, 체계적으로 개발하려는 과정이다. 경기력 향상이란 트레이닝이 지향하고자 하는 목표를 명확하게 설명하여주는 것이라 정의할 수 있다. 모든 신체활동은 근육의 수축작용없이는 불가능하다. 근육은 체력요소 중에서 근력과 근 지구력 및 순발력 · 민첩성을 발휘하는데 중요한 요소로 작용한다. 그러므로 강한 체력을 유지하기 위해서는 트레이닝 방법론 숙지가 필수적 이라고 할 수 있다.

2) 트레이닝의 효용 및 원리

트레이닝은 체력 육성의 총체이다.

인간의 운동이라고 하는 역동적 자극을 받지 않고서는 형태적으로나 기능적으로 어느 정도의 발육과 발달은 될 수 있다.

그러나 이 같은 발달은 그 사람의 원시적인 발달에 그치고 말 것이다. 특히 개인의 발달에는 개인차가 있어 운동자극이 비록 그 사람의 최대 발육발달에는 이를 수 없다 해도 어느 정도의 효과를 거둘 수 있을 것이다. 체력 육성이란 단 시일 내에 이루어지는 것이 아니다. 효율적인 체력육성 프로그램이 필요하고 그 원리 및 구체적인 훈련방법에 대한 이해가 선행되어야 한다. 체력육성 즉, 신체 훈련의 기본 원리에서 보면 인체는 주어진 자극에 대해 잘 적응하려는 속성을 가지고 있다.

웨이트 트레이닝은 근육계통의 발달을 가져오는데 가장 적합한 체계적인 운동방법으로 알려져 왔다. 강한 체력 즉, 강한 근육의 힘을 원한다면 웨이트 트레이닝의 기본원리와 방법론을 이해하고 자신의 체력상태에 맞는 프로그램으로 꾸준하고 규칙적으로 실시하는 것이 중요하다.

플라이오메트릭 트레이닝은 순발력향상을 가져오는데 힘과 속도를 향상시킨다는 절대적인 요건이 따르게 된다. 이것을 개발함으로서 순발력이 향상되어 파워가 주가 되는 운동종목의 경기력 개선을 가져올 수 있다. 플라이오메트릭 운동은 근육의 신전 반사를 불러일으키는 등척근운동에 과부하를 제공하는 훈련을 말한다.

조정력 트레이닝은 끊임없이 변화하는 운동과제에 대하여 신속 정확하게 대응하여 운동을 수행하는 능력을 향상시킨다. 이러한 조정력은 신경 지배 작용에 크게 영향을 받고 있으며 근 신경 협응성에 의하여 바람직한 동작을 할 수 있게 된다. 근육의 수축속도, 운동의 변환속도, 반응시간에 의한 빠른 동작과 올바르게 외부환경을 통찰하고 판단하여 운동을 조정하는 능력이다.

트레이닝 자극을 단계적으로 보면 다음과 같다.

- 약한 자극 : 생리적으로 작용만을 일으킨다.
- 보통 자극 : 생리적 자극 촉진을 시킨다.
- 강한 자극 : 생리적 작용을 억제 시킨다.
- 매우 강한 자극 : 생리적 작용을 정지 시킨다.

따라서 체력증진을 모색하는 부위에 적절한 운동부하와 운동빈도의 처방이 이루어지지 않으면 최대의 효과를 기대할 수 없다. 신체 훈련을 위한 처방을 계획함에 있어 이와 같은 요인을 고려하여 과학적으로 편성하여야 한다.

체력의 각 부위를 골고루 발달시킬 수 있도록 하여 정신 · 건강 · 교양까지도 고려하고 심신의 조화적인 발달을 위해서 신체의 제반 기관과 조직에 효과를 거둘 수 있는 다양한 신체활동이어야 하며 운동부하의 강도와 빈도를 점차적으로 증가시켜야 한다.

그러나 너무 급작스럽게 운동부하 강도를 올리면 신체의 균형상태가 일그러진다. 적당한 부하운동을 규칙적으로 반복하여 실시하여야 하며, 운동부하의 질과 양을 합리적으로 하고 피로회복을 적절히 배분하여 장시간동안 꾸준히 행하고, 효율성을 높이기 위해서는 목표 · 내용 · 방법 등 개인차를 고려한 체력육성 방법과 처방을 정하여 놓고 자발적인 태도와 의욕으로 임해야 한다.

사람은 개개인이 체력구조가 다르기 때문에 나이 · 성별 · 성숙도 · 건강도 등을 고려하여 계획성있게 실시하여야 한다.

3) 원칙

우리 신체는 운동자극을 가하면 순간적인 반응과 장기적인 적응의 현상이 나타나고 강도에 따라 그 효과가 다르게 나타난다. 신체에 운동자극을 가하면 조직계통에 생리적 변화를 수반하게 되고 계속적으로 반복하면 그 효과가 나타나지만, 중단하면 시작할 때의 수준으로 되돌아갈 뿐만 아니라 반대로 허약체질로 변모될수 도 있다. 트레이닝 이론에는 다음과 같은 원칙론이 있다.

(1) 적응(Adaptation)의 원칙
(2) 과부하(Over-Load)의 원칙
(3) 점증부하(Progressive)의 원칙
(4) 특이성(Specificity)의 원칙
(5) 가역성(Reversal)의 원칙

(1) 적응(Adaptation)의 원칙

신체에 운동자극을 가하면 순간적인 반응과 장기적인 적응의 현상이 나타난다. 이것이 적응의 원칙이다. 이때 순간적인 반응은 운동자극이 중단되면 신체의 생리적 기능이 원점으로 돌아가고 오래 동안 반복적으로 부하를 가하면 신체의 생리적 반응이 나타나는 것이다. 운동능력의 향상을 위해서는 반복적으로 운동자극 부하를 가해야 하는데 신체의 특성이 모두 다르므로 바람직한 적응과 바람직하지 못한 적응도 있을 수 있다.

예를 들어 '근' 섬유의 비대에 의한 근력의 증강은 바람직한 현상인데 척추의 만곡을 초래할 수 있는 이상증식은 위험성이 내포된 바람직하지 못한 적응이다.

(2) 과부하(Over Load)의 원칙

트레이닝의 유효적절한 적응효과는 일상생활 중에서 과부하(Over-Load)로 자극보다 힘겨운 운동자극이 주어져야만 나타날 수 있다. 이것이 과부하(Over Load)의 원칙이다.

일반적으로 과부하는 힘겨운 운동자극이라는 의미에서 운동강도에 의해 결정된다. 가벼운 운동이나 무게가 가벼운 기구를 이용하여 근력강화의 트레이닝을 실시 할 때는 그 효과가 매우 미약한 수준에 그치게 된다.

한편 신체가 감당할 수 있는 운동자극의 한계가 있다. 즉, 너무 미약한 자극은 효과가 없고, 너무 강한 자극이 되어서는 오히려 역효과를 초래할 수 있기 때문에 알맞고 적당한 자극이 되도록 하여야 한다.

(3) 점증부하(Progressive)의 원칙

인체의 조직이나 순환 생리적 변화를 수반하는 트레이닝 효과를 거두려면 장기간에 걸쳐 서서히 운동자극 부하를 높여 나가야 한다. 이를 점증부하라 한다. 이때 트레이닝 초반에 설정한 운동자극만 으로 한결같이 반복해서는 안 되는데 그 이유로는 일정한 수준의 자극만으로는 그 이상의 효과를 거둘 수 없기 때문이다. 그러나 점증부하 방법이라 하여 일정한 기간마다 산술적으로 증가시켜서는안 된다. 생리적 기능에 따라 증가시키고 기본적으로 점증에 경향이 지켜지도록 과학적으로 계획해야 한다.

(4) 특이성(Specificity)의 원칙

트레이닝의 효과는 과부하의 원칙과 점증부하의 원칙에 의해 부하된 운동자극에 의해 신체의 계통 중 일부 계통에 한정되어 나타나는데 이를 특이작용 또는 특이성이라 한다.

예를 들면 웨이트 트레이닝은 근육계나 또는 일부 근육에, 인터벌트레이닝은 호흡 순환계에 그 효과가 나타난다. 따라서 웨이트 트레이닝은 유연성을 높인다거나 인터벌 트레이닝으로 근육의 강도를높인다는 일은 상당히 무모한 것이다.

트레이닝의 특이성이란 피 훈련자의 조작이나 효과를 기대할 수 있는 사실로 수용될 수도 있다. 그러므로 훈련자 자신이나 트레이너에게는 트레이닝에 의해 신체에 나타나는 생리적 현상의 기본 지식이 요구된다.

(5) 가역성(Reversal)의 원칙

트레이닝을 반복적으로 계속하면 그 효과가 나타나지만 중단하면 시작했을 때의 수준으로 되돌아 갈 뿐만 아니라 시간의 흐름과 더불어 사연 감퇴에 이르는데 이를 트레이닝효과의 가역성이라 한다.

뮬러와 헤딩거(Muller & Hettinger, 1954)의 연구를 보면 약 7주에 걸친 지구력 트레이닝으로 최대 산소섭취량이 약 10~14mℓ로 증가되었다가 트레이닝을 중단한지 7주 후에는 처음수준으로 되돌아갔다는 것이다.

오스트란과 로다이(Astrand & Rodahi, 1970)에 따르면 단시간의 트레이닝의 효과는 상대적으로 단시간에 소실되지만 장시간의 트레이닝효과는 상대적으로 비교적 오랜 시간 지속되며 이때 간헐적으로 트레이닝을 계속하면 그 효과가 보다 더 오랫동안 지속될 수 있다고 보고하고 있다.

이와 같이 트레이닝 원칙론에 입각하여 체력수준을 고려하고 과학적인 계획아래 트레이닝 프로그램을 작성하고 실시하여야 한다.

4) 트레이닝의 종류

트레이닝을 분류하는데 있어 정해진 방식은 없지만 형식과 내용에 따라 트레이닝 종류를 크게 네 가지로 나누면 다음과 같다.

(1) 웨이트 트레이닝
(2) 스태틱 트레이닝
(3) 인터벌 트레이닝
(4) 서킷트 트레이닝

위와 같이 트레이닝에 대한 종류를 살펴보면 다음 〈표2〉와 같다. 지난날 체력 증강을 위한 수단과 방법으로 기능의 반복연습에서만 모색 되었다. 그러나 현대 트레이닝 과학의 발전은 신체형성은 물론 스포츠 기능이나 그것을 구성하는 제요소에 대하여 과학적 이해를 추구하여 트레이닝 그 자체의 내용을 충실하게 할 뿐만 아니라 트레이닝 목적을 확실히 설정하고 그것을 구체화시킴으로 집중적으로 효과를 얻고 있는 것이 오늘날의 실정이다.

그러므로 현재 트레이닝을 살펴보면 다음과 같다.

첫째, 체력 육성을 위한 트레이닝을 기초로 하고 있으며

둘째, 트레이닝은 언제나 계획성을 가지고 유지되어야 하며

셋째, 트레이닝 내용은 늘 과학적 근거를 가지고 구성되어야 한다.

이러한 세 가지 특성을 고려하여 트레이닝의 종류를 살펴보면 〈표 2〉와 같다. 트레이닝 종목선택 및 배열(운동순서)에 있어서 목, 팔, 어깨, 등, 배, 허리, 다리, 등의 신체부위에 대한 종목을 선택한 후 운동종목이 겹치지 않도록 하여야 한다.

〈표2〉 트레이닝의 종류

트레이닝 종류	운동부위	사용기구	도움	비고
1. 웨이트 트레이닝	· 근력의 증가 · 근략의 비대	· 바벨, 덤벨 · 엑스밴드 · 아령	· 근력 · 근력 · 지구력 · 순발력	· 발달시키고자 하는 근육에 부위 및 체력요소에 따라 그 내용을 달리하여야 효과를 볼 수 있다.
2. 스태틱 트레이닝	· 등척성 근 수축 강화 · 근력의 강화	· 고정물체 밀고 당기기 · 각근력계 · 배근력계 · 완근력계	· 최대시속능력 · 최대근력강화	· 발달시키고자 하는 근육에 부위 및 체력 요소에 따라 그 내용을 달리하고 지속성을 가져야 효과가 있다.
3. 인터벌 트레이닝	· 근력의 증강 · 근력의 비대	· 달리기 · 장시간 운동할 수 있는 운동	· 호흡 순환계 강화	· 호흡 순환계의 이상유무 확인 후 실시
4. 서킷트 트레이닝	· 심폐기능지속성 · 지구력 지속성	· 달리기 · 가파른 언덕 오르내리기	· 호흡 순환계 지속성유지	· 호흡 순환계의 이상유무 확인 후 실시

각 운동에 대한 실시기준의 결정은「강도가 큰 운동을 최대 반복횟수」로 「강도가 비교적 작은 운동은 1분간 최대 반복횟수」를 측정하여 이에 대하여 최대강도의 약 60%정도 횟수로 실시기준을 정하

는 것이 좋다.

〈표 3〉 트레이닝 체계

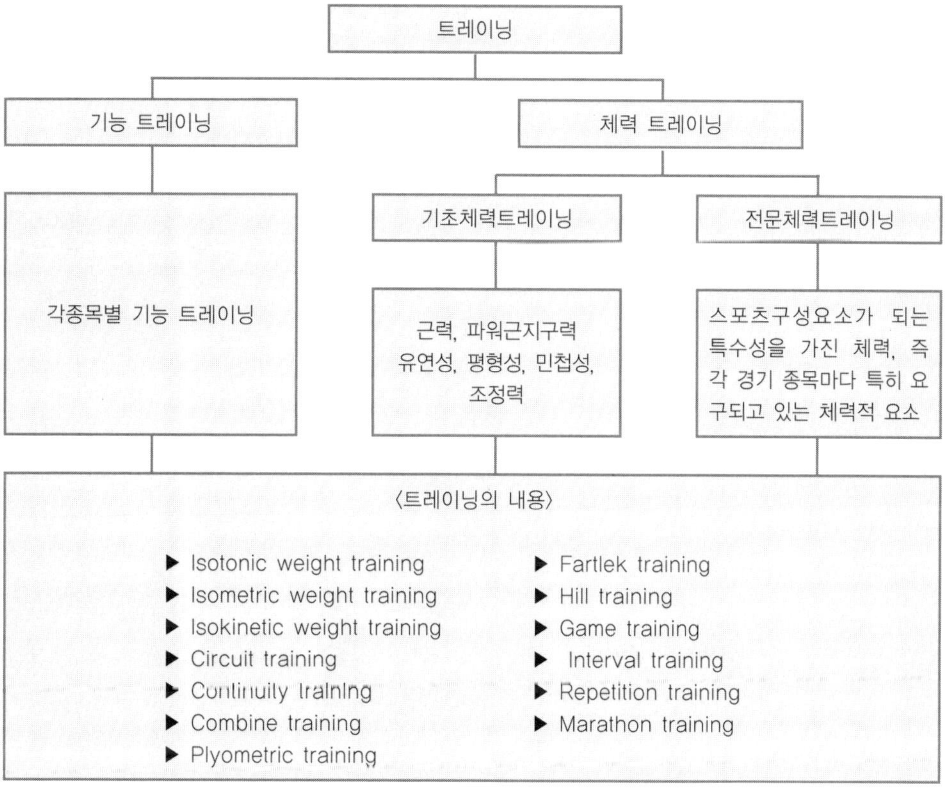

5) 트레이닝의 분류

트레이닝을 분류하는데 있어서 형식과 내용에 따라 나누어 설명하면 다음과 같다.

(1) 레피티션 트레이닝(repetition training)

이 트레이닝의 방법은 완전한 휴식을 사이에 두고 트레이닝을 되풀이 하는 방법이다.

(2) 인터벌 트레이닝(interval training)

이 트레이닝은 동적 휴식을 취함으로서 완전히 신체의 피로를 풀기 전에 다시 부하(load)를 주게 하는 방법으로 이를 인터벌 트레이닝이라 한다.

· 인터벌 트레이닝에서는 휴식 방법이 두 가지가 있다.

그 한 가지는 가볍게 달리며 쉬는 방법이고, 또 다른 것은 휴식 시간이 불충분한 채로 다음의 훈련을 하는 것이다.

(3) 지속 트레이닝(continuity training)

지속 트레이닝은 트레이닝을 한번 시작하면 전혀 휴식이 없이 계속하는 것이 특징이다.

(4) 기타

근력과 스피드를 종합한 순발력향상을 목적으로 하는 트레이닝도 있다. 웨이트 트레이닝의 부하를 가볍게 하여 속도를 빠르게 한 서킷 트레이닝은 전면적인 트레이닝이지만 동시에 파워 트레이닝이라고 해도 무방하다.

트레이닝 종목선택 및 배열(운동순서)에 있어서 목, 팔, 어깨, 등, 배, 허리, 다리 등의 신체부위에 대한 종목을 선택한 후 운동종목이 겹치지 않도록 하는 것이 매우 중요하다.

각각 운동에 대한 실시기준의 결정은 운동의 강도와 시간과 빈도를 고려하여 실시하는 것이 바람직하다.

제 2 장 체력측정

1. 체력측정

신체발달은 매우 중요하다. 건강한 신체에서 선선한 정신이 나오며 심신이 다 같이 건강할 때, 삶 자체가 윤택해지므로 인간은 건강한 신체가 필요하고 그러므로 신체발달이 고르게 이루어져야 한다.

건강한 신체를 만들기 위해서는 체력의 요소와 아울러 신체의 강약을 확인하고 그 체력의 알맞은 운동처방이 필요하므로 체력진단이 필수적이다.

체력측정 요소는 약 40개의 항목으로 구성되어 있어서 이를 전체적으로 측정 및 평가하기는 매우 어렵다. 그리하여 미국체육학회(AAHPERD)의 체력측정방법은「완력, 턱걸이, 매달리기, 윗몸일으키기, 왕복달리기, 제자리멀리뛰기」의 다섯 가지 종목으로 구체화시켜 이를 객관적인 평가방법으로 모색하게 되었다.

우리나라에서도 1971년도부터 각 학교에서 실시하고 있다. 어느 한 가지 특정종목으로 체력을 측정하는 것은 불가능하며 우선 종합적인 체력측정 도표를 분석할 수 있도록 그 인자를 찾아내는 것이 매우 중요하므로 운동적성과 밀접한 관계가 있는 행동체력 여섯 가지 요소 즉, 근력, 지구력, 순발력, 평행성, 민첩성, 유연성을 측정할 수 있는 신체적응도가 높고, 실용적인 것으로 다루고자 한다.

〈표 4〉 종합적인 테스트 도표

성명 (나이)	근력(횟수)				지구력		순발력 ( )	평행성 ( )	민첩성 ( )	유연성 ( )	처방 (병원)
	악력	견완력	배근력	각력	근지구력	심폐지구력					

1) 테스트의 원칙 및 방법

체력 테스트는 행동체력의 요소가 되는 근력 · 순발력 · 민첩성 · 유연성 · 지구력 및 교치성에 대하여 테스트하며 어느 요소가 뛰어나고 어느 요소가 부족한지를 한눈에 알 수 있어야 한다. 체력 테스트 결과에 따라 운동처방을 하여야 하며 건강상태와 체력에 알맞게 목표를 세우고 처방함을 원칙으로 하여야 한다. 이 때 주의할 점은 테스트 대상이 초보자인지 숙련자인지, 건강상태 즉 병원경력등과 나이 등을 고려하여 실시하여야 한다.

테스트의 일반원칙은 아래와 같다.

(1) 어느 곳에서나 누구든지 쉽고 안전하게 실시할 수 있을 것
(2) 많은 사람이 동시에 실시 할 수 있을 것
(3) 일반적인 측정기구로 실시할 수 있을 것
(4) 테스트 측정에 객관성이 있을 것
(5) 검사자나 피검자에게 어려운 기술이 요구되지 않을 것
(6) 테스트 측정치를 정규분포에 가까운 것으로 고려하여 작성할 것

위와 같은 방법으로 체력을 테스트하여 자신들의 어느 부위가 부족한지를 한 눈에 볼 수 있도록 하고 부족한 부분을 중점적으로 보완할 수 있도록 지도하고, 테스트를 실시, 작성된 도표를 재수정하여 운동 처방을 작성하여야 한다.

운동처방을 할 때에는 운동 실시자 체력에 맞추어 처방을 내려야 하며 또 실시하지 않으면 무용지물이 되므로 적성에 맞는 운동을 선택하여 실제적인 처방을 하여야 한다.

2) 테스트 방법

(1) 근력 ① 악력(손아구의 힘)
② 견완력(어깨와 팔 힘)
③ 배근력(허리의 힘)

④ 각력(다리의 힘)

순발력이 動的인 상태에서 내는 힘이라고 한다면 근력은 靜的인 상태에서 내는 힘을 말한다.

이러한 근력은 손 · 팔 · 허리 · 다리 · 발과 같은 신체의 분절이 근수축에 의해 발휘될 수 있는 힘으로써 모든 신체활동의 원동력이 된다.

위 기록된 인자 즉 신체활동에 필요한 근력으로는 악력 · 견완력 · 배근력 · 각력 등이 있으며 측정방법은 다음과 같다.

① 악　력 → 악력계를 사용하여 엄지손가락을 제외한 네 손가락의 굴근력의 종합측정
② 견완력 → 남자의 경우는 턱걸이, 여자는 비켜 턱걸이
③ 배근력 → 배근력계로 측정(측정 시 상체를 30° 가량 굽혀야 한다.) 또는 누워서 두 다리를 45° 로 들고 견디는 시간(배근력은 허리를 잘 써야 운동을 잘 할 수 있다는 말과 같이 신체에서 가장 중요한 부분이다.)
④ 각　력 → 배근력계로 측정(손잡이를 잡아서 허리에 댄 후 무릎을 120° 굽힌 다음 무릎을 펴면서 측정) 또는 두 발을 어깨 넓이로 벌리고 서서 두 손을 허리에 대고 허리를 굽힘이 없이 앉아 일어서기 횟수 측정

(2) 지구력

지구력이라 함은 근육의 힘(근군)이 얼마나 지속적으로 운동 할 수 있겠는가의 능력을 나타내는 말이다.

① 근지구력 → 윗몸일으키기, 팔굽혀펴기 (근육의 운동지속력)
② 심폐지구력 → 육상 · 수영의 중 · 장거리 (호흡 순환계)

이외에 호흡 · 순환계의 기능을 간단하게 측정할 수 있는 방법으로는 다음을 들 수 있다.

· 호　흡 → 남자의 경우 45㎝높이의 의자, 여자의 경우 35㎝높이의 의자를 사용하여 1분 동안, 호흡을 멈추고 오래 참는 과정, 이때 30초를 못 견디면 안 좋은 상태임.

· 순환계 → 위의 내용과 같은 방법을 실시하고 1분간 쉬고, 다시 1분을 실시하고 또 1분을 쉬고, 다시 1분간 실시하고 1분을 쉬는 과정을 5회 반복한 후 그 다음 의자에 앉자 손목 부위 맥박을 재고 30초 후에 또 30초 간 맥박을 잰다. 이와 같이 3회를 실시하여 모두 합한다.

이때　　111~124는 우수
125~163은 평균
164~183은 평균이하
190~223은 허약

(3) 순발력

순발력은 動的상태에서 발휘되는 힘이다. 이것은 정적인 근력을 의미하는 것이 아니라 신체전체의 위치를 이동시킬 수 있는 순간적인 힘으로 그 크기는「근력 × 근수축의 스피드」로 나타난다.

· 측정방법 - 제자리높이뛰기, 제자리멀리뛰기, 수류탄던지기, 볼 멀리 던지기 등
제자리멀리뛰기의 경우 25세 미만의 젊은이는 신장의 30㎝를 더한 거리를 뛰어야 좋은 순발력의 소유자이다.

(4) 평행성

평행성(평행능력)은 신경근을 조절하는 능력을 말한다. 신체활동에 사용되는 평행성은 관절감각과 근육감각에 의한 근육의 지각반응에 의해서 결정되는 균형유지 능력이다.

· 측정방법 – 눈감고 외발서기, 한쪽 발끝으로 서기, 머리위에 물건을 올려놓고 외발서기 등

(5) 민첩성

민첩성이란 신체의 일부, 또는 전신을 얼마만큼 재빨리 움직이고 방향을 얼마나 빨리 전환할 수 있는가와 동작과 동작 구분을 얼마나 정확히 하는가 하는 능력을 말한다.

· 측정방법 – 짧은거리 왕복달리기, 사이드스텝, 버피 테스트 등 손쉬운 방법으로는 버피 테스트로써 선자세에서 시작하여 팔을 짚고 엎드렸다가 일어나는 자세를 반복하여 팔 · 등부 · 복부 · 다리 부위의 굴근과 신근을 수축시켜 민첩성을 알아보는 방법이다.

(6) 유연성

유연성이란 관절의 가동범위라고 정의할 수 있다. 유연성은 관절의 가동성뿐만 아니라 관절을 둘러싸고 있는 연골소식인 관절낭인대 기능까지도 포함된다.

· 측정방법 – 신체를 둥글게 굽히기, 윗몸 앞으로 굽히기, 두 다리 뻗고 앉아서 윗몸 굽히기 등
마지막 서술한 측정방법으로 책상위에 두발을 나란히 하고 올라서서 천천히 윗몸을 굽히면서 두 손이 발가락을 스쳐가도록 아래로 늘어뜨린다. 이 상태에서 손을 얼마나 아래로 내릴 수 있는가를 측정한다.

이와 같이 여섯 가지 체력 테스트방법을 실시하여 보았으나 체력을 모두 정의하였다고 볼 수는 없다. 더욱이 인체 생리학자들의 연구를 인용하면 체력을 두 가지로 대별하는데 그 내용을 보면 다음과 같다.

첫째, 신체 능력에는 외부반응에 의해서 행동을 일으키려는 능력인 행동체력

둘째, 외부활동에서 신체를 지키려는 방위체력

이상과 같이 체력은 외부반응에 의해서 행동을 일으키려는 능력인 행동체력과 외부의 활동으로부터 신체를 지키려는 방위체력으로 구별하며, 체력은 이 두 가지 능력위에서 성립된다고 볼 수 있다. 체력의 개념은 그 구성요소를 기초로 하여 신체훈련지도자가 이해하기 쉽도록 신체적 요소(Fitness for Performance)를 중심으로 행동체력을 도표와 같이 세 가지로 나누어 정리하면 다음과 같다.

〈표 5〉 체력의 구성

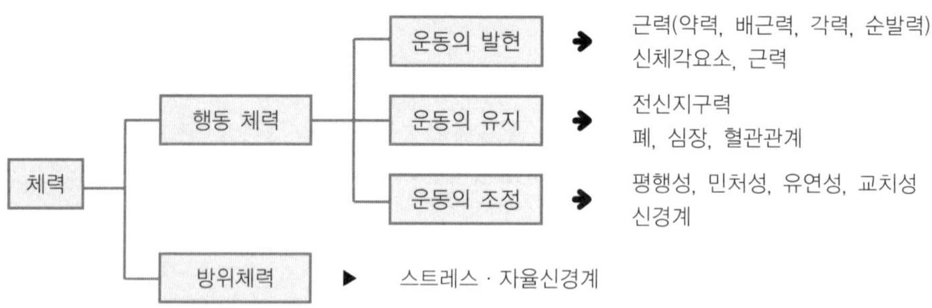

3) 체력의 구성 요소

(1) 행동체력

외부활동에 의해서 발현되는 의지행동을 포함한 신체적 작업능력이며 근육 · 골격 · 관절 · 신경계를 주체로 한 기능이고 최종적으로 근육의 수축으로 행동을 일으키는 것이 행동체력이다.

(2) 방위체력

외부의 스트레스에 대하여 적극적인 신체활동으로 방어하며 건강상태를 유지하는 것, 곧 건강을 지키는 것이다.

신체의 구조를 보면 내장 · 내분비 · 자율신경계 등이 관여하며, 기능으로 보면 협응성 · 반응성 · 교치성 · 저항력 · 면역성 등을 들

수 있다.

위와 같은 근거를 기초로 하여 모든 운동처방에는 체력을 보안하는데 유효한 것으로 하기 위해서는 다음과 같은 세심한 순서가 필요하다.

① 운동 실시자에 의해서 효과가 있는 것이 어느 운동인가 정한다.
② 처방된 운동의 종류가 정해지면 그 운동의 대표적인 운동형식 가운데서 운동 실시자의 흥미에 따라 종목을 선택한다.
즉, 전신 운동이 필요하다고 판단되는 운동형식에는 조깅이 좋은가 에어로빅이 좋은가 판단하여 채택함을 말한다.

실시하는 운동의 종류와 그 운동형식을 위의 표를 참고하여 결정한 후 트레이닝의 하루 운동량을 설정한다. 이 모든 것이 정해지면 그 운동처방 규정에 따라 규칙적으로 행해야 하며 신체의 제기능이 연속적으로 지속될 때까지 행해야 한다.

위와 같은 견해로 본 트레이닝은 체력의 강화훈련이라고 하는 공동적 개념도 포함된다. 즉, 트레이닝은 오직 체력의 강화훈련만을 위한 프로그램으로 볼 것인가 아니면 스포츠 기술의 향상을 위한 프로그램을 포함시킬 것인가에 관한 트레이닝 내용을 명확하게 규명하는 일이다. Steinhaus는 트레이닝에는 에너지적인면의 체력향상을 도모하기 위한 프로그램만을 포함시켜야 한다고 주장하면서 에너지적인 체력의 강화훈련은 가역성인데 반하여 스포츠 기술의경우는 영구적이기 때문에 전자는 트레이닝, 후자는 연습(practice)으로 이들 사이에는 엄밀한 구별이 있어야 한다고 주장하고 있다.

여기에서 체력이란 신체의 기능적 자원을 의미하는 것으로 신체활동의 기초가 되는 신체적 능력을 총칭하는 것이며, 계획적인 훈련이라 함은 모든 사람이 지니고 있는 현 수준의 체력을 어떠한 방법으로 훈련하여 강화 시킬 수 있는지에 대한 프로그램의 편성, 실천을 뜻하며 운동능력이라고도 정의하는 것으로 체력과 운동기술의 조화가 어우러져야 하기 때문이다.

4) 과부하의 원칙(Over-Load Principle)

트레이닝시 운동부하가 너무 작은 것으로 이용하면 트레이닝의 효과가 나타나지 않는다. 그렇다고 너무 무리한 운동부하를 이용하면 고원현상에 빠져버려 트레이닝의 효과가 상실되고 운동상해를 부르게 된다. 트레이닝의 효과를 극대화하려면 최소한 어떤 기준 이상의 운동강도로 지속적인 운동을 해야 한다.

각종 트레이닝에는 각각 과부하(Over Load)의 원칙이 있는데 이는 각종 트레이닝 시 일정량 이상의 운동강도로 트레이닝을 하면 효과가 얻어지는 것을 의미한다.

근력 발휘와 과부하의 원칙을 살펴보면 일상생활에서 발휘하는 근력은 최대근력의 20%~30%이다. 그러나 이 운동 강도로는 근력 향상을 기대할 수 없다. 근력향상을 위해서 최소한도의 운동능력 강도는 40%이상이 되어야 하며 이 운동 강도가 근력 트레이닝의 과부하라고 볼 수 있다. 그러나 40% 이상의 근력을 수초 간 발휘한다고 해서 트레이닝효과가 나타나는 것은 아니다.

트레이닝 효과가 확실히 얻어지는 것은 운동 강도가 최대근력 40%에서 조금씩 상승되고 그 강도가 10초 이상 반복하든지 또는 수차례 반복적으로 그 근력을 발휘할 때이다. 더 큰 효과를 얻으려면 그 운동부하로 3~6회 반복해서 행할 필요가 있다. 이것이 근력 트레이닝이다.

근력 트레이닝에 과부하가 있는 것 같이 근파워, 근지구성 및 전신 지구성 트레이닝에도 각각 특유의 과부하의 원칙이 있는데 각각의 특유한 오버로드의 원칙에 입각하여 각종 트레이닝에 따라 운동부하 조건을 설정한 것이 근력 · 근파워 및 전신지구성 트레이닝 이론이라 할 수 있다.

각종 트레이닝에 있어서 트레이닝 초기단계에서는 과부하의 원칙론에 입각하여 트레이닝을 시작하고 신체의 개선에 따라 서서히 운동강도를 단계별로 강하게 해나가는 것이 점증적 과부하 법(Progressive Over-Load Principle)이다.

또 다른 각도에서 보면 선수의 운동능력 향상은 트레이닝시 얻게 되는 운동의 양과 질에 대한 직접적 결과이다. 처음 운동을 시작하는 단계에서부터 선수에 이르기까지 트레이닝 시의 운동량은 개인의 생리학적, 정신적 능력에 따라 점차로 증가하여야 한다.

이 원리의 생리학적 근거는 트레이닝 결과로 인체의 기관이 효율적인 기능을 갖게 되어 오랜기간 동안 점진적인 작업량의 증가를 가능하게 해 준다. 재론하면 운동수행능력의 증가는 오랜 트레이닝의 기간과 적응이 필요하다는 것이다.

유기체는 트레이닝의 부하에 대해 형태적, 생리학적, 심리학적으로 반응을 나타낸다. 그러므로 과도한 트레이닝 부하로 생길 수 있는 신경조직 기능과 반응, 근신경 협응, 심리적 특성을 고려하여야 한다.

제 3 장 운동처방

1. 운동처방의 개념

운동처방이란 운동을 통한 개인의 체력과 건강증진을 총칭하는 말이다. 충분한 운동효과를 기대하기 위해서는 과학적 원리에 입각하여 운동 프로그램이 구성되고 처방되는 것을 말한다.

운동처방에서는 운동의 질, 운동의 방법, 운동량을 중요시하여야 한다. 먼저 운동의 질, 즉 운동을 실시하는 방법을 설정하고 나면 그 다음은 그 운동을 어느 정도 운동량으로 해야 하는가를 결정하고, 마지막으로 운동의 양을 결정하는 등 다음과 같은 세 가지 조건이 고려되어야 한다.

이상과 같은 조건이 기본적이고 합리적인 운동프로그램 계획이 되므로 운동처방의 기본절차라 한다.

2. 운동처방의 요소

1) 운동의 강도(Intensity)
2) 운동의 시간(Duration)
3) 운동의 빈도(Frequency)

1) 운동의 강도(Intensity)

운동 강도는 트레이닝의 가장 중요한 요소 중에 하나이며, 주어진 일정 시간 내에 수행된 작업의 요소를 뜻한다. 단위 시간당 수행된 작업이 많으면 많을수록 운동의 강도는 더욱 커진다. 운동 강도는 트레이닝의 관여된 신경 자극에 강화 기능을 가지고 있다. 신경 자극의 강화는 운동 부하량, 운동 수행속도, 반복사이의 인터벌 또는 휴식의 변인에 의하여 결정된다.

트레이닝 효과는 일정시간(예: 1회, 일주일, 수개월)에 어느 정도의 운동량으로 신체에 영향을 주느냐에 의해서 결정되는데 이때 가장 중요한 것은 운동의 강도로써 이는 운동 강도가 트레이닝 목적과 또 운동시간 그리고 운동 강도를 규정하는 성질을 가지고 있기 때문이다.

운동 강도의 수준은 연습의 형태에 따라 달리 측정되어 진다.

스피드를 내포하고 있는 연습의 경우에는 m/s 또는 rate/min으로 측정되어진다. 저항에 대하여 수행된 활동의 강도는 kg 또는 kg · m으로 나타내며 팀 경기의 경우에는 게임의 흐름을 통하여 강도를 평가한다.

〈표6〉 스피드와 근력향상 운동 강도의 구분

강도의 구분	속도 및 근력 향사의 비율(%)	강도의 구분
1	40~50%	약함
2	50~70%	약한 보통
3	70~80%	보통
4	80~90%	조금 강함
5	90~100%	강함
6	100~105%	아주 강함

· 절대적 강도 : 트레이닝에 이용하는 최대의 운동 강도는 단위로 나타난다. 근력의 경우에 발휘한 근력은 kg 단위이며, 빠르기를 나타낼 때는 초속 · 분속 · 시속의 단위로 나타낸다.

· 상대적 강도 : 최대치의 비율로 나타내는 것이다. 예를 들면 상대적 강도를 60% 라고 할 때 최대 근력이 60kg이라면 36kg이 되고, 최대 산소 섭취량이

3ℓ /min이라면 1.8ℓ /min이 각각의 트레이닝의 강도가 되는 것이다.

절대적 강도는 체력에 따라서 상당한 차이가 있기 때문에 일률적으로 강도를 정하는 것은 매우 어려운 일이다. 또한 그 강도가 얼마라고 정해져도 신체에 어느 정도 부담을 주는가를 알지 못 하는 결점이 있다. 그러나 상대적 강도는 최대치를 알 수 있는 트레이닝 강도가 정해지고 신체에 적용될 최고치를 알 수 있고 신체의 주는 부담도를 일률적으로 행할 수 있다는 장점이 있다.

2) 운동의 시간(Duration)

운동시간이란 그 운동부하를 견뎌내는 템포라든지 운동의 지속시간 혹은 유지시간을 말하며, 운동시간에는 휴식시간도 포함시켜 고려하여야 한다. (repetition training 참조)

운동효과는 자극을 부하할 때만 나타나는 것이 아니라 운동부하를 가한 후에도 나타난다는 사실이다. 지속 유지는 초 · 분 · 시간의 단위로 나타난다. 이 운동시간은 단독으로 결정하는 것이 아니고 운동 강도와 관련하여 결정되는데 운동 강도가 높아지면 운동시간은 짧게 되어 양자는 정확히 반비례 관계에 있다.

3) 운동의 빈도(Frequency)

운동의 빈도란 반복운동의 횟수를 의미하는 것이며 1일당, 1주일당, 1개월당 몇 회를 행하였는가를 의미하는 것이다. 운동의 빈도에 있어서 중요한 것은 먼저 트레이닝 효과가 줄어드는 가운데 다음 단계의 트레이닝 효과를 효율적으로 축적할 수 있는 운동의 횟수를 규정하는 것이다. 트레이닝 효과가 줄어드는 가운데 다음의 트레이닝을 행하는 것을 생리학적으로 1회의 과중부하라고 하며 물질적 자극을 신체의 주는 것에 의하여 그 효과가 근육 및 신체의 내부에서 몇 시간 내지 며칠간 잠복하는가의 문제인 것이다.

예를 들어 근력개선을 위한 운동은 최소한 주당 며칠은 해야 하며, 현재 개인의 수준을 볼 때 그것이 적당한가를 고려해야 한다.

그러므로 잘 짜여진 프로그램으로 인하여 실시되는 적당한 빈도는 훈련의 빈도를 높여주고 운동으로 인한 피로 상태에 빠지는 것을 막아준다. 더 나아가서 균형있는 빈도는 훈련 자극과 회복 사이에 적정한 비율을 유지시켜 준다.

이상과 같이 운동부하조건에서는 운동강도, 운동시간, 운동의 빈도라는 세 가지 요소가 개개인의 체력에 맞추어 합리적으로 혼합되어야 하는데 그것은 트레이닝에서 중요한 운동강도와 시간이 합하여진 것이기 때문인데 신체의 기능이 그 운동에 적응하여 신체에서 소비된 에너지가 폐에서 섭취된 산소의 양에 제공하는 운동의 강도와 운동의 시간을 잘 조화시킨 것이다.

결론은 트레이닝 효과를 기대하면서 신체의 지나친 무리를 주지 않고 고통과 고난이 없도록 운동 강도와 시간을 적절히 배합하여야 하는 것이 운동의 빈도이다.

처음에는 강도가 가벼운 트레이닝, 그다음은 중간정도의 트레이닝으로 체계적인 계단식의 순서가 매우 바람직하다.

〈표 7〉 운동강도와 운동시간 혼합강도 (최대산소섭취량의비)

운동시간 / 종류	5분	10분	15분	30분	60분	비고
가벼운 트레이닝	70%	65%	60%	50%	40%	
중간정도 트레이닝	80%	75%	70%	60%	50%	
강한 트레이닝	90%	85%	80%	70%	60%	

(체력만들기 운동시간 배합, 체육과학 center)

위 〈표7〉를 보아 알 수 있듯이 운동의 강도, 시간, 빈도 면에서 처음부터 높은 강도로 책정하는 것이 얼마나 위험한가를 깊이 인식하여야 한다. 신체를 갑자기 혹사시킬 정도의 운동은 득보다는 실이 많다. 그러므로 처음부터 과도한 운동을 하면 신체의 위험과 함께 운동의 의욕도 떨어지고 계속할 기분이 상실된다.

운동이란 자신이 계속할 수 있는 운동 강도에서 시간과 빈도를 조금씩 향상시켜서 서서히 강도를 높이고 과격한 운동을 신체가 긍정적으로 받아들일 수 있을 때에 조금씩 높여나가야 한다.

4) 스트레칭(Stretching)

스트레칭 체조는 1970년대 후반에 미국의 스포츠 의학자에 의하여 만들어졌다. 이 스트레칭 체조의 기본원리는 동양의 신비라고 일컫는 요가와 태극권에서 간추려낸 정적운동의 핵심이다.

우리나라에서도 1980년대 후반기부터 보급되어 우리체형에 맞는 체조 등으로 보완되어 모든 체육인에게 전해졌으며, 특히 엘리트 체육인에게는 필수적인 프로그램으로 이용되고 있다.

이 스트레칭 체조는 이제 서구인, 동양인, 아프리카 등 세계 어느 곳 어느 인종에 구별 없이 자유로이 행할 수 있는 보편적인 것이 되었다. 스트레치(Strech)란 「펴다」또는 「잡아당기다」라는 의미로서 우리 몸을 지탱하고 있는 근육이나 건을 의식적으로 펴서 그 상태로 잠시 동안 신장하는 것이다.

이 체조의 본래 목적은 스포츠맨들이 스포츠를 실시하기 전 긴장된 근육과 건을 부드럽고 유연하게 신장하여 유연성을 높여 신체 부상을 예방하고 스포츠상해를 방지하고자 하는 것이다. 이와 같은 신체훈련과 관련된 모든 것이 실증됨으로써 최근에는 새로운 연구에 의하여 재활(Rehabilitation)이나 스포츠 트레이너 (Sports Trainer)에 의해 몸의 건강 조정법으로도 활용되며, 스포츠 장애 치료방법으로도 널리 사용되고 있다.

스트레칭 체조의 중요한 점은 「종래 체조의 특징인 반동을 이용해서 몸을 유연하게 하는 방법으로 고통을 감수하며 시행하던 방법」과 달리 「천천히 펴는 것과 동작의 반동을 이용하지 않는 매우 부드러운 신장 방법」이다. 이와 같은 것은 요가나 태극권에서 핵심을 본 딴 것인데 이것이 스트레칭의 장점이다. 즉 무리하게 '근' 과 '건' 을 신장시켜 관절에 가동성을 높이고, 그 수축운동으로 인해 모세혈관이 파열되고 근육이 찢어지는 역효과를 배제할 수 있다. 이 같은 관점에서 볼 때 스트레칭 체조는 만능 약은 아니더라도 부상을 예방하고 몸을 유연하게 할 수 있는 체조라 할 수 있다.

천천히 행하는 스트레칭 체조라 할지라도 그 효과는 매우 크다. 가벼운 근육의 수축으로 내압을 높이고 정맥중의 혈류(피의 흐름)를 가속화 시키는 효과가 있다. 이 정맥의 환류촉진은 피로회복에서 뺄 수 없는 조건 중에 하나인데 심장에 대하여 마사지와 같은 효과가 있는 것이다. 신전 운동에 의한 근육의 율동적 수축이나 가벼운 압박은 피로한 신체 각 부위 혈맥의 흐름을 좋게 하고 피로물질을 제거하는 역할을 하기 때문이다. 스트레칭 체조의 신전운동으로 관절의 가동능력이 넓어지면 격렬한 운동이나 과격한 운동에 따른 부상방지에 도움이 되는 것이다.

인체가 육체적 · 정신적으로 피로해져 있을 때 안면이나 어깨, 팔이나 다리에 근육이 팽창되면서 긴장되는 것을 누구나 체험했을 것이다. 이 같은 긴장이나 피로를 제거하기 위해 천천히 펴는 스트레칭 체조는 육체적 · 정신적 만족도를 얻는데 효과가 있다.

이 스트레칭 체조는「선 자세」「앉은 자세」「누운 자세」로 나눌 수 있다.

선 자세로 실시할 경우를 보면 양발로 전신을 유지하여 균형을 잡고 실시해야 하므로 상당한 숙달이 필요하다. 이때 안정된 균형을 위해서는 양발을 어깨 넓이로 벌린다든지 양손으로 무엇을 잡든지 벽이나 나무에 기대는 방법이 있다.

스트레칭 체조는 선 자세보다 가능한 한 허리를 내린 앉은 자세나 누운 자세에서 실시하는 것이 좋은데 이는 지지면적이 넓고 균형을 유지하는 노력이 용이하기 때문이다.

우리 인체에는 고유반사라고 하는 기능의 하나로서 자동조정장치라고 할 수 있는 것이 있다. 이것은 '근' 이나 '건' 의 지각말단 장치인 근방추나 골기 '건' 기관이 자극을 민감하게 받고 이 신호를 척수에 보내면 중추신경인 척수가 명령을 내려 근육을 움직이게 하며, 몸의 균형을 회복시키도록 하는 기능을 가지고 있다. 그 결과 무의식중에 우리들은 균형을 유지해서 서거나 앉을 수 있는 것이다.

이처럼 스트레칭 체조를 실시할 때 무의미하게 근육의 긴장을 높이려는 것은 오히려 '근' 이나 '건' 을 쉬게 하는 것이 아니라 피로하게 하는 결과가 되는 것이다. 스트레칭은 운동을 하기에 알맞은 신체를 만드는 준비기간이며 그 목적은 다리 전체와 근육기능, 폐장과 심장 및 혈관계를 포함, 호흡 순환계의 효율을 높이기 위한 것임을 숙지하고 실시하여야 한다.

평소에 운동을 하지 않던 사람이 갑자기 운동을 하면 대퇴사두근과 대퇴굴근군 그리고 하퇴삼두근에 피로가 심하게 나타난다.이 같은 신체 피로 도를 낮추기 위해서는 스트레칭 즉, 준비운동(warming-up)과 정리운동(Cooling-down)으로 '근' 군을 충분히 세심하게 움직일 필요가 있다. 걷는다든지 달린다든지 하는 전후에는 필히 대퇴사두근, 대퇴굴근군, 하퇴삼두근, 전경골근 등을 충분히 이완시켜 주는 것이 꼭 이루어져야 한다.

운동 전의 스트레칭은 운동 상해를 예방하고, 운동 후에 스트레칭은 피로회복과 '근' 군의 경직을 풀어줄 수 있다.

스트레칭으로 인한 신체의 유용성을 알아보면 다음과 같다.

(1) 긴장과 경직된 근육을 부드럽게 하여 신체에 한층 가벼움을 준다.
(2) 협응성 향상에 도움을 주어 실시 후에는 동작이 더욱 자유롭고 부드러워 유연성에 도움을 준다.
(3) 관절에 가동성을 향상시킨다.
(4) 근육상해와 같은 스포츠상해를 예방한다.
(5) 스트레칭으로 준비운동을 하면 격한 운동도 무리없이 할 수 있다.
(6) 신체의 감각이 향상된다. 때때로 신체의 각 부위를 스트레칭 할 때에 그 부위에 집중해 그 부위의 상태를 느낄 수 있도록 한다.
(7) 신체에 대한 정신적인 컨트롤을 부드럽게 할 수 있으며 경쟁이나 다른 사람을 의식해서 실시하는 것이 아님을 깨달아 신체가 부드럽고 유연하게 움직일 수 있게 하여야 한다.
(8) 혈액순환을 촉진한다.
(9) 기분이 상쾌해진다.

이 같이 훌륭한 스트레칭체조에도 좋은 방법과 나쁜 방법이 있는데 정확하고 좋은 방법은 신전근군(늘어나는 '근' 군)에 의식을 집중시키면서 느슨하게 하는 방법이다. 나쁜 방법은 반동을 이용하거나 아픔이 있을 때 까지 신전하는 것으로서 이 방법은 유익보다는 오히려 장애를 가져올 수 있다. 따라서 스트레칭은 정확하고 규칙적으로 행하여야 전체의 몸동작이 이전보다 운동을 하기에 용이하게 될 수 있다.

바람직한 스트레칭의 적용단계는 다음과 같다.

첫째 : 약한 스트레칭

시자할 때는 편안한 동작으로 20초간 각 부위별로 실시한다. 이때에 반동을 이용해서는 안 된다. 가벼운 긴장을 느낄 때 까지 이를 유지하면서 느슨하게 행한다. 이때 늘어난 근육은 자세를 보완하고 있는 사이에 부드럽게 된다. 만약 늘어난 근육이 부드러워지지 않으면 신전에 조금 강도를 더하여 쭉 뻗은 느낌이 들 수 있도록 한다. 이때에 근육의 딱딱한 곳과 뭉쳐진 곳을 풀어주면 발전된 신전을 위한 근육조직의 준비상태가 되는 것이다.

둘째 : 발전된 스트레칭

약한 신전 후 서서히 발전된 신전으로 동작을 변형한다. 여기서도 반동을 이용해서는 안 된다. 첫 번째보다는 강도를 조금 올리고 가볍게 뻗는다는 느낌이 올 때마다 약 20초간 그 상태를 유지한다. 신전이 지나치지 않도록 주의하며 안락한 신전과 같이 최초의 스트레칭은 부드럽게 하고 몇 번을 반복한다.

셋째 : 호흡법

호흡을 중지하지 않으면서 천천히 박자감있게 행한다. 상체를 움직일 때에는 제자리에 돌아온 후 천천히 호흡을 한다. 그러나 신전중에 호흡을 중단해서는 안 된다. 스트레칭시 자연적으로 호흡이 안 되면 완전히 느슨하지 못하다는 증거이니 이때에는 신전을 조금 느슨하게 하면 정상적인 호흡을 할 수 있다.

넷째 : 실시시간

처음에는 스트레칭에 따라 소리를 내지 않고 '하나, 둘' 하고 수를 센다. 그렇게 하면 신전 중 필요한 시간 만에 요소요소들을 신전할 수 있을 것이다. 이 훈련이 숙달되면 감각에 따라서 단전호흡에 효과도 볼 수 있을 것이다. 좋은 스트레칭은 안락한 신전을 20초 간격으로 실시하고 발전된 신전으로 20초간을 한 후에 조금 더 강도가 강한 신전으로 발전하는 것이 원칙이다.

3. 운동 처방의 계획

일반적으로 운동처방 계획을 구체화하는 편성의 단위는 주간 프로그램이다. 운동이란 매일매일 할 수도 있지만 신체 리듬으로 볼 때 격일제가 매우 바람직하다. 이 같은 원리에 입각하여 주간 및 월간 계획을 세우면 다음과 같다.

1) 주기화(periodization)

주기화란 최고의 운동 수행 능력을 발휘하기 위한 주기 운동처방의 방법은 다음과 같다.

· 일일/ 주간주기- 단주기(micro)
· 월간 주기- 중주기(meso)
· 연간 주기- 장주기(macro)

이상의 주기화 개념에 의하여 단계별로 프로그램하고 특히 장주기 운동의 목표는 근력 및 스피드, 순발력, 지구력을 극대화하여 종합적인 프로그램에 치중하는 것이 좋다.

2) 일일 계획

일일 운동처방 계획은 준비운동, 본 운동, 마무리 운동 등 세 단계로 나누어 편성한다.

(1) 각 운동 단위 설명

① 준비운동

운동단계에서 워밍업(warming-up)단계를 말하는 것으로 몸 전체 운동을 실시하기에 적합한 신체를 만들어서 다음의 운동부하에 대비하는 필수적 단계이다.

준비운동 시 체온은 평상시보다 약 1℃정도 높이는 것이 좋다. 이 준비운동 때에는 상해를 예방하기 위해서는 신체의 관절 가동범위를 넓히는 유연성 운동을 같이 실시하는 것도 바람직하다.

② 본 운동

본 운동 단계에서는 체력, 운동의 기술, 의지력 그리고 운동의 효과를 익히고 숙지하게 된다. 그러므로 본 운동 단계에서는 다음과 같은 신체적 운동의 순서가 잘 지켜져야 한다.

첫째, 체력 상승을 위한 운동
둘째, 운동의 기술과 전술의 학습
셋째, 근력의 요소를 발달하게 하는 운동
넷째, 스피드의 요소를 발달하게 하는 운동
다섯째, 지구력 발달을 요하는 운동

이상과 같은 여러 가지 운동을 일일 운동으로 편성하기에는 벅찰 수 있다. 그렇다하여도 몇 가지는 복합하여 편성하는 것이 바람직하며 운동의 효과를 극대화할 수 있는 것이다.

③ 마무리 운동

운동 단계에서 쿨링다운(cooling-down) 단계를 말하는 것으로 본 운동 단계에서 상승된 부하를 서서히 안정 상태로 되돌리는 중요한 단계이다.

운동에 의해 모든 생리적 기능이 높아진 상태에서 급격히 안정상태를 취하려 하면 혈액의 순환에 혼란을 가져오면서 활성산소(유해산소)가 다량 발생하게 되므로 정신적 만족감은 물론 신체적으로도 만족할 만한 결과를 얻지 못한다.

(2) 각 운동 단위별 실시 시간

많은 사람들이 1일 운동시간을 명확히 하지 않고 대충하고 있는데 바람직한 운동시간은 준비운동과 본 운동과 마무리 운동을 포함하여 120분 정도가 매우 적합하다. 그러나 트레이닝의 내용과 운동의 종목 및 숙련도에 따라서 강도가 강한 운동과 약한 운동에서 그 실시 시간이 변화되는 것을 고려하여야 한다.

그러나 특별한 경우를 제외하고는 이상의 실시 시간을 지키는것이 바람직하다.

〈표8〉 각 운동 단위 시간표

각 운동 단위	시간(분)
준비운동	20분
본 운동	90분
마무리운동	10분
계	120분

3) 운동의 방법

운동이 좋다고 많은 양을 무작정하는 사람들이 있다. 그럴 경우 부상을 당하거나 신체적 건강나이, 노화를 초래할 수 있다. 또 한가지 운동만을 너무 몰두하면 운동의 흥미를 잃을 수 있다. 즉 강도가 너무 높은 운동을 오랫동안 실시하거나 3~4시간 이상 장시간 운동을 지속 할 경우에는 산화 물질의 축적과 이에 수반되는 노화, 근육손상, 신체 혹사를 통해 오는 부상을 당할 수 있다.

1주일에 6,500칼로리 이상을 소비하는 운동이나 한 시간에 800 칼로리 이상을 소비하는 운동을 두 시간 이상 실시 할 경우에는 과다한 운동이다. 운동을 하면 산소가 섭취되는데 이 산소가 전부 산화되지 않고 신체의 3~5%정도가 축적되어 활성산소(Free radical)가 되어 세포의 지질을 과산화 시키거나 DNA을 공격하여 손상 시킨다.

그러나 규칙적 운동은 우리 몸에서 SOD(super oxide dismutase;초과산화 불균등효소), CAT(catalase), GPX(glutathione peroxidase) 등 항상성 물질이 생성되어 활성산소에 관한 것들을 예방하지만 활성산소보다 부족 할 경우에는 비타민 C와 E(α-tocopherol),셀레늄(Selenium)을 꾸준히 섭취함으로서 억제할 수 있다. 따라서 운동 한 두시간 전에 이 두 가지 비타민을 섭취하거나 운동 후에 섭취하도록 권한다.

또 운동을 세분화하여 보면 근육운동과 유연체조를 하면 뼈와 근육의 노화를 지연시켜 신체의 균형을 향상시키고, 관절이나 근육, 인대의 손상을 예방한다. 근육운동으로는 웨이트 트레이닝이 기본이며, 여기에 근력과 근 지구력을 증가시키는 운동을 하면 골밀도가 높아지고 근육이 증가하여 근력이 증대되며 뼈의 저항력이 증대되고 균형 감각이 발달된다.

일반적으로 몇 가지 운동을 7~10회 반복하는 운동(1set 운동 단위) 으로 3~5세트 정도로 운동하는 것이 바람직하다.

내용을 보면 가벼운 것에서 무거운 순으로, 큰 근육부터 작은 근육 순으로 히여 신체의 소기 피로를 없게 하고, 〈표9〉와 같이 주당 3일 이상 계획적인 프로그램으로 운동을 하여야 효과가 극대하된다.

〈표9〉 각 운동 단위별 실시 시간표

구분	초급	중급	상급
운동강도(Intensity)	50%	60~70%	70~100%(최대근력)
운동시간(Duration)	30~60분	60~80분	90~120분
운동빈도(Frequency)	3~4일	4일	4~6일
반복횟수(Repetitions)	7~10회	7~10회	8~12회
휴식간격(Intervals)	2~3분	1~2분	1~2분

유연체조는 간단한 준비운동(5~10분) 후에 스트레칭 체조를 한다. 여기서도 과격한 운동은 금물이다. 특히 중년 이후에는 체중이 증가함에 따라 유연성이 떨어지므로 유연체조를 생활화하는 것이 중요하다.

4. 운동처방 효과 및 조정

1) 효과

운동 처방은 그 사람의 생리적 한계를 강화시킬 수 있는 운동 프로그램이어야 하며, 그러한 운동 프로그램이 될 때 비로소 체력은 물론 운동 능력의 향상에도 기여 할 수 있다.

운동 효과의 판정이란 과학적 연구방법에서 제외 할 수 없는 통계적 방법을 적용하여 처리하는 절차이다. 일단 운동 부하의 처방이 일차적으로 주어지면 그 처방에 의한 운동 프로그램을 작성하여 일정한 기간에 걸쳐 운동을 실시하면서 운동 효과가 어떻게 나타나는지에 대한 판단의 자료를 검토하여야 한다.

운동 효과의 판정 근거는 운동의 성과 측면과 신체 자원 측면에서 수량적으로 측정하여야 하며 여기에서 측정되어 얻어진 결과는 그 운동을 실시하기 전과 비교하면서 운동 효과의 유무를 판단하여야 한다.

운동 효과의 유무는 단지 사전(pre)과 사후(post)의 측정치를 비교한 결과로 운동 효과가 있었다든지, 또는 없었다고 단순하게 속단해서는 안 되며 반드시 통계적 검증 방법을 적용시켜 그 유의성을 확인하는 절차가 필요하다.

2) 조정

운동 처방은 개인의 모든 조건에 맞도록 개별적으로 이루어져야 한다. 그러나 개인의 신체 조건은 다양하여 하나하나 일일이 맞추어 미리 준비하는 것은 불가능하다.

즉, 개인의 신체 조건은 매일 변화하는 것이 보통이기 때문에 엄밀하게 말하면 오늘의 처방은 내일이 되면 적합하지 않을 수 있다. 또한 운동에 대한 개인의 기호가 일정하지 않기 때문에 검사 결과로부터 과학적으로 산출한 처방이 모든 면에 있어서 그 사람에게 가장 적합한 처방이라고 말 할 수 없다.

운동 처방이라고 하는 것은 수많은 측정으로부터 얻어진 결과를 일반화한 것이므로 그것을 많은 사람에게 적용했을 경우에 잘 맞는 사람이 있는가 하면 잘 맞지 않는 사람도 있다.

단지 잘 맞지 않는 경우에는 큰 잘못을 일으키지 않는다고 하는 보증이 있어야 한다.

그러나 각자의 조건 하나하나를 맞춘 세밀한 조정이 반드시 기대될 수는 없다. 이 점이 약의 처방과 다른 점이며, 오히려 영양의 처방에 가깝다고 말 할 수 있다.

운동 처방을 받은 사람은 우선 그 처방을 받아들여 실행하여 보고 실행하는 가운데 자신의 조건에 맞지 않는 점이 나타나면 그 점을 자신에게 맞도록 각자가 조정 할 필요가 있다.

운동 처방에서 조정으로만은 반드시 성공할 수 없기 때문에 가능한 한 최소의 시행착오를 반복하면서 가장 잘 맞는 운동 처방이 되도록 하여야 한다.

마치 자신의 식사를 영양학적으로 과함과 부족이 없는 원칙하에 구성하고, 세밀한 것은 자신의 기호와 경제 사정에 맞추어 조리를 변화시키는 것에 비유할 수 있다. 좋은 성과를 위해서는 연구가 필요하고, 또 이 과정을 즐깁게 여기고 많은 애착을 갖는 것이 무엇보다 중요하다.

3) 운동 배열의 원리

운동배열의 원리는 신체의 근육 군을 대상으로 경기력 향상이 목적이 된다. 신체의 근육 군은 매우 다양하기 때문에 근력을 발달시키고자 하는 운동 종목 역시 다양할 수밖에 없다. 그러므로 하루에도 여러 가지 운동을 연속적으로 해야 한다. 계획된 운동을 모두 수행하고 훈련의 효과를 높이기 위해서는 연습 중간에 피로하지 않고 운동이 끝날 수 있도록 하는 것이 중요하다.

그러기 위해서는 운동의 순서를 먼저 큰 근육에서부터 시작하여 작은 근육 군으로 배열하는 것이 중요하다. 그 이유는 작은 근육군이 큰 근육군보다 더 빠르고 쉽게 피로해지기 때문이다.

주요 근육군의 운동 순서 ① 대퇴와 엉덩이→ ② 가슴과 상완→ ③ 배면과 대퇴 후방→ ④ 하퇴와 발목→ ⑤ 어깨와 상완→ ⑥ 복부 → ⑦ 전완→ ⑧ 손목→ ⑨ 손끝 및 발가락

파워 존(power zone)은 무릎위에서 가슴 아래까지 큰 근육을 갖는 부위로서 힘을 발휘하는데 있어서 매우 중요한 부분으로 스피드와 파워를 생산하는데 대단한 잠재능력을 지니고 있다. 파워존은 전반적인 체력을 향상시키고 운동 수행 능력을 높이는데 기여한다.

4) 재 검사와 재 처방

일정 기간의 간격을 두고 정기적으로 운동 실행 상황을 점검하고 부작용의 유무, 피로의 정도 등을 판단하여 운동 프로그램의 내용을 재조정하여야 한다.

이 과정은 많은 사람들이 도중에 운동을 중지하는 경향이 있으므로 운동을 지속할 수 있는 중요한 절차가 재검사이고 재처방인 것이다.

운동의 효과를 알아보기 위해서는 운동 실시 후 3~4개월 사이에 재검사를 하는 것이 바람직하지만 여러 가지 여건상 재검사가 어려운 경우에는 적어도 반년에 한번은 검사를 하여야 한다. 이와 같은 재검사를 통하여 운동의 효과를 평가하고 필요하다면 재검사 결과에 따라 운동 프로그램의 내용을 수정하는 재 처방의 과정이 필요하다.

일반적으로 운동 처방의 이론을 배경으로 적절하게 처방된 운동 프로그램을 실시하면 초기에는 매우 큰 효과가 나타나게 되나 점차적으로 운동 효과의 증가율은 둔화되며 어느 시기에 이르면 더 이상의 효과를 기대할 수 없게 되는 것이 일반적인 사례이다.

이와 같은 운동 효과가 정체되는 상태를 고원 현상이라 하는데 그것은 그 운동 프로그램으로써는 한계를 나타내는 것으로 곧 재처방이 요구되는 징조이다.

예를 들어, 항생제를 장기간 사용하는 경우 단위를 높여 사용하

지 않고서는 그 효과를 기대할 수 없는 것과 같이, 운동부하에서도 이와 같은 현상을 고려하지 않으면 안 된다. 즉 1차 처방 프로그램에 대하여 신체가 면역력이 생기면 계단식의 재 처방이 꼭 필요한 것이다.

제 4 장 신체의 역할

1. 신체의 과학적 기초

「지 덕 체」이 세 가지 영역 속에서 인간을 보다 바람직하고 건강하게 성장시키고 발전, 발달시키고자 하는 마음은 인류의 태동 이후 끊임없이 지속되어 왔는데 그 중에서 제일 합리적이고 바람직한 것이 체육활동이다. 바람직한 체육활동을 지속하기 위해서는 먼저 체육활동의 과학적인 기초를 잘 이해할 필요가 있다.

인체의 기능적 측면에서 보면 신체활동은 근육의 움직임으로 인하여 운동이 시작된다. 그러나 이러한 근육활동은 감정과 의지의 지배와 심리적인 지배를 동시에 받는다.

우리의 인체는 감정과 의지의 지배를 받으며 스스로의 독립적 생명력에 의하여 살아가는 리빙머신(Living Machine)이라 볼 수 있다. 감정과 의지의 지배를 받아 이루어지는 신체활동에 대하여 먼저 활동의 바탕이 되는 역학운동, 운동(스포츠)심리학과 인체의 구조를 잘 숙지하여야 한다.

그리하여야 과학적이고 세밀한 기초 위에서 체육활동을 할 수 있을 것이고 성과는 더욱 높이고 인체에는 무리가 되지 않으면서 건강하고 아름답고 조화로운 신체를 만들어 행복한 삶에 일조할 수있을 것이다.

2. 신체의 사회적 가치

체육에 의한 인간의 잠재력 개발도 중요하지만 신체운동으로 이루어지는 영역 또한 사회학적 가치로 볼 때 또한 매우 높다. 고대나 근대에서 스포츠 활동으로 그 나라에 문화와 생활의 수준을 가늠하는 척도로 인식되었다. 이처럼 체육이 사회에 미치는 영향은 사회조직에 꼭 필요한 부분이다. 근대에서도 사람을 단련시키고 조직적 활동을 요구할 때 먼저 체육을 활성화 시킨 것을 보아도 알수 있다.

특히 동양에서는 무예(武藝)를 중심으로 가르쳐 심신(心身)을 수련시키므로 예(禮)를 중시하는 사상과 더 나아가서는 화랑오계(花郎五戒)와 같은 삶의 지침서로 발전하게 된다.

이 같은 관점에서 볼 때에 스포츠의 사회적 가치나 의미가 사회적 가치변동에 따라 그 차이가 발생하듯이 스포츠는 사회적 가치를 개인에게 전달하는 매개체 역할을 담당하기도 한다.

체육활동은 어떤 상황아래서 무엇이 규범적으로 바람직한 것인가를 결정해주는 사회적 가치를 판단하게 하는 기준점이 되기도 하고, 사회화 과정을 통해 개인으로 하여금 개인의 사회적 가치나 충동을 잘 조절할 수 있도록 하며 바람직한 정서적 · 신체적 · 인간관계적 경험을 하도록 해준다.

신체가 건전하고 건강함으로서 사회활동이 적극적이 되고 무슨 일이든지 할 수 있다는 자신감이 생기게 된다. 그러나 Eltzen과 Sage는 현재 널리 이용되고 있는 스포츠 활동이 본래의 목적과 취지를 벗어나 매우 다르게 이루어지고 있다고 지적하고 있다.

선수 중심의 스포츠 활동으로 전개되어야 함에도 관람을 위하여 또는 돈을 벌기 위하여 기업화되거나 정치도구화 되어가고 있다는 것이다.

이와 같이 스포츠계가 직업화되어가는 사회적 측면에서 볼 때 꼭 필요한 것은 바람직한 체육(스포츠)지도가 성립되어야 하고 양질의 전문인이 필요하다는 점이다. 우리나라에서도 전문체육인 (프로포함)이 많이 배출됨으로써 체육 산업발전이 점진적으로 진행되고 있어 스포츠의 가치변동이 급속도로 변화되고 있다.

이 같은 관점에서 스포츠와 사회와의 연관성을 알아보면 다음과 같다.

사회화는 개인이 사회집단의 구성원이 되어 그 집단에 잘 적응하고 그 사회가 가지고 있는 기술 · 문화를 체득하고 자신의 개성적인 특징을 발휘할 수 있을 때까지의 과정을 말한다. 즉, 더불어 살아가는 삶을 체득하게 하는 것을 말하는 것이다.

모든 인간은 사회화과정을 거치는 과정이 있어야 비로소 사회구성원으로서 인간의 역할을 원활히 수행할 수 있을 것이다. 육체적인 기관들과 기능뿐만이 아니라 그의 인간성, 기능, 개인의 가치의미 등이 사회화과정을 통하여 이루어지기 때문이다. 특히, 어렸을 때에 사회화과정에서 그 기반이 이루어지는 것이다.

많은 학자들의 연구를 보아서도 알 수 있듯이 인간은 태어나면서 모든 기능 갖춘 완벽한 기능의 소유자가 아니고 출생한 상태에서는 다만 큰 잠재력을 갖춘 동물에 불과하다.

그러므로 인간은 모든 기능과 사회측면에서 볼 때 출생부터 인간이 아니기에 사회화 과정을 통하여 진정한 인간이 되는 것이며 인간이 어떠한 인간이 되느냐 하는 것은 사회화 과정에 달려있다.

즉 개인의 문제를 그가 살고 있는 사회와 관련 짖지 않고서는 생각 할 수 없듯이, 사회의 문제도 그 속에 살고 있는 개개인의 특성에 바탕을 두지 않고서는 생각 할 수 없는 것과 같다.

이와 같이 사회화 과정은 인간의 기본적인 틀을 갖추어서 삶의 질을 높이게 하는 중요한 과정이다.

원시림에서 성장하는 아이와 정상적인 사회에서 성장하는 아이를 그린 영화를 기억하면 지금까지의 설명을 잘 이해 할 수 있을 것이다. 학자들의 말을 인용하면 사회화 과정은 두 가지로 구분 할 수 있다.

스포츠에서의 사회화 과정은 일반적으로 스포츠로의 사회화(Socialization Into Sports)와 스포츠를 통한 사회화(SocializationVia Sports)로 구분하여 설명할 수 있다.

1) 스포츠로의 사회화(Socialization Into Sports)

개인으로 하여금 스포츠 활동에 참여할 수 있도록 동기를 유발시켜주는 과정을 말한다.

이 과정에서 부모, 형제, 동료, 교사 등의 역할이 매우 중요하지만 무엇보다도 결정적인 요인은 부모의 영향력과 자신이 어렸을 때 성장 경험은 스포츠 활동에 매우 중요하다고 볼 수 있다.

2) 스포츠를 통한 사회화(Socialization Via Sports)

집단체제와 스포츠 활동을 통하여 사회화 되어가는 것,

이 때에는 지도자의 역할이 부모를 통해 얻는 것보다 더 큰 영향력을 행사한다. 이점은 지도자가 잘 이해하여야 할 부분이며 사명이라볼 수 있다.

3. 신체의 구조 및 기능

인간의 신체운동은 힘의 작용에 의하여 이루어진다. 그러므로 운동을 하는 신체는 힘, 속도, 중력, 회전 등의 역학적인 법칙의 지배를 받는다. 신체훈련이란 어느 한부분만 이용하는 것이 아니고 온몸을 이용하는 것이므로 신체의 구조 및 기능을 잘 이해하는 것이 매우 중요하다. 우리가 일상생활에서 사용하는 지렛대, 도르래, 축, 지지면, 비탈면, 쐐기, 나사 등의 간단한 기계장치를 우리 인체에서 찾아볼 수 있다.

1) 신체의 구분

신체의 외형을 살펴보면 두부, 안면, 경부, 체간, 체지로 나누어진다. 체간은 흉부, 복부, 골반, 배부로 구분되며, 체지에는 상지와 하지가 있으며, 상지는 상완, 전완, 손, 손가락이며, 하지는 대퇴, 하퇴, 발가락으로 구분된다.

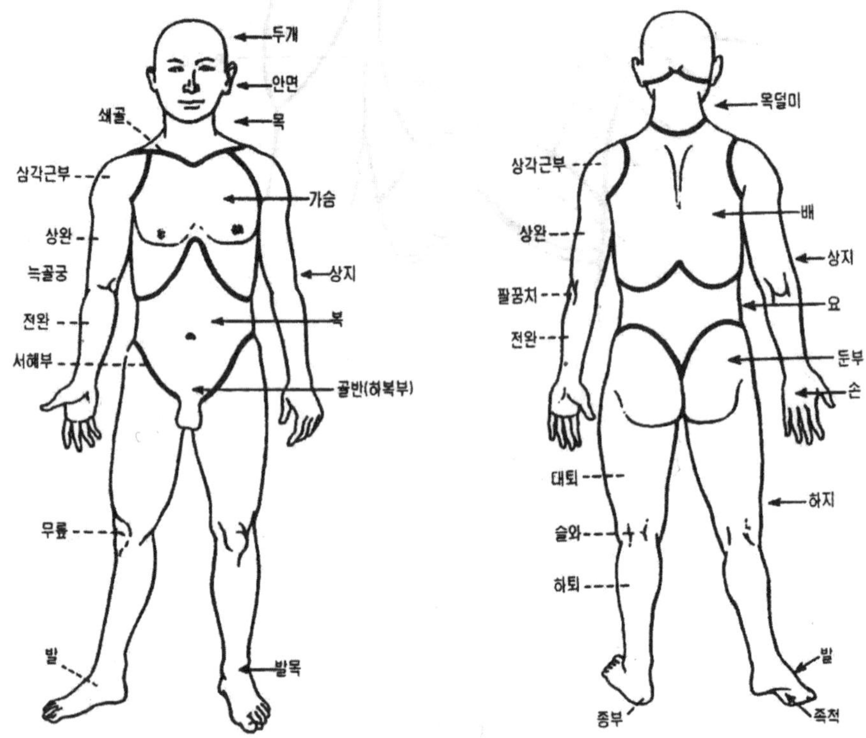

(전면)

〈그림1〉 신체의 구조

2) 신체의 부위

(1) 흉부

흉부는 가슴부위를 말하며, 쇄골부와 흉골부(가슴의 중앙부) 및 더욱 세밀하게는 삼각흉근삼각(대흉근과 삼각근사이)으로 나눈다.

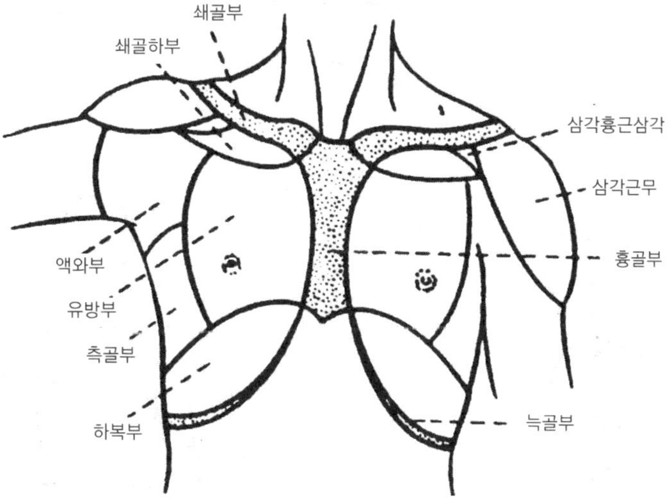

〈그림2〉 흉부의 부위

(2) 복부

복부는 좌우 늑골중의 최저점을 연결하는 선과 좌우 상전 장골근을 연결하는 선, 두 가지 가상선에 의해 상 · 중 · 하복부로 구분된다.

싱복부에는 상위부와 하늑부가 있으며, 중복부에는 제부(배꼽주변부)와 측복부(제부의 양측)가 있고, 하복부는 치골부와 서혜부가 있다.

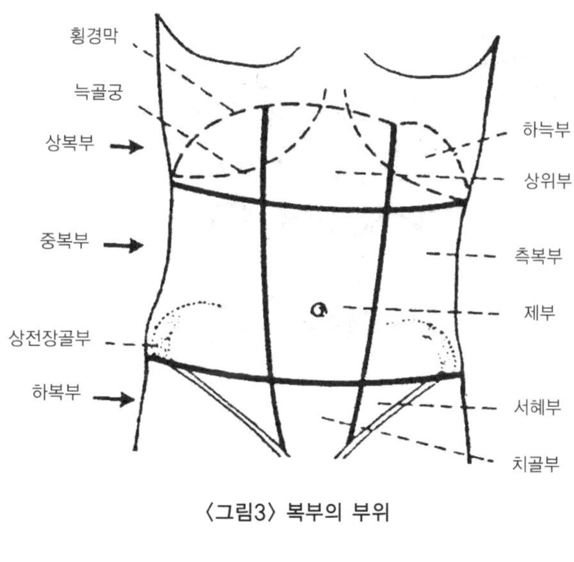

〈그림3〉 복부의 부위

(3) 배부

배부는 척주부와 견갑부(견갑골에 해당하는 부분), 요부(최하위의 늑골과 장골릉으로 에워싸인 부분)로 나눈다.

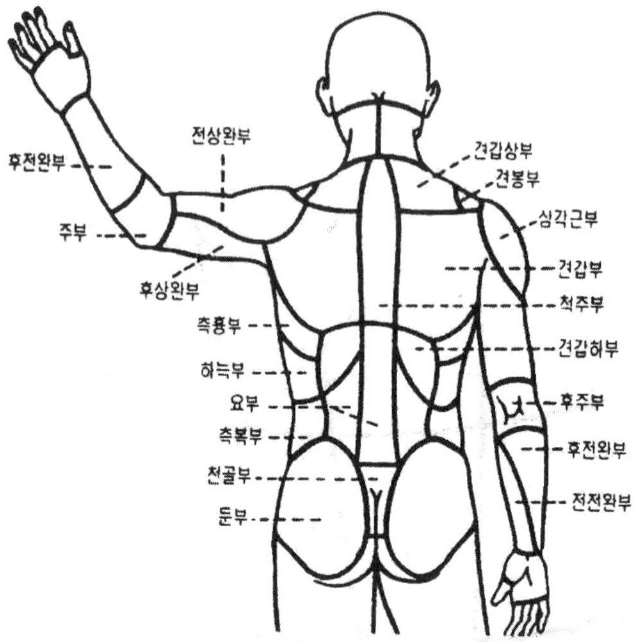

〈그림4〉 배면과 상지의 부위

(4) 상지

상지대란 어깨(견갑부)에 해당하며 체간과 상완을 결합하는 역할을 한다. 상지대, 상완, 전완 및 손의 4부로 구분된다.

(5) 하지

하지대란 대퇴를 체간에 결합시키는 부위이며 관골부라고도 하며 좌우의 관골(hip bone)로 구성된다. 하지대, 대퇴, 하퇴 및 발의 4부로 나눈다.

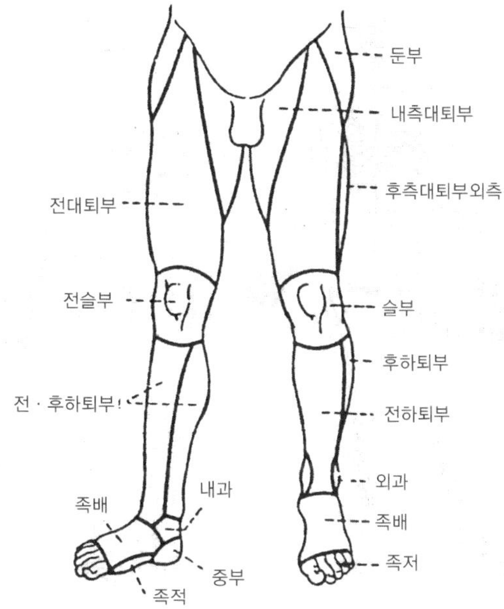

〈그림5〉 하지의 부위

3) 신체의 골격근계

운동을 할 때 골격계의 역할은 매우 크다. 우리 신체에는 모양과 크기가 다른 206개의 뼈로 구성되어 있다. 이들 뼈는 또 250여개의 여러 모양의 관절로 연결되어 있다. 뼈는 유기물질과 무기물질로 되어 있으며 그 비율은 어린이의 경우 1 대 1, 청년기 경우는 4 대 1, 노인의 경우 7 대 1로 구성되어 있는데 성장하면서 무기질이 증가한다. 따라서 유기물질이 적어지는 중년 이후에는 뼈가 부서지기 쉽다. 뼈의 무기물질에는 인산칼슘이 약 85%, 탄산칼슘이 10%, 그 외의 무기물질이 약 5%로 구성되어 있다.

모든 운동은 뼈와 뼈를 연결하는 관절을 튼튼하게 만들어 준다. 관절에는 관절연골들이 서로 만나고 있는데 이들 연골이 운동에 의하여 두께가 두터워 진다. 특히 운동에 의하여 관절연골에 영양이 많이 공급되면 두꺼워진 연골이 뼈로 변하게 되어 관절이 더욱 튼튼하게 되고 뼈를 서로 견고하게 연결시켜 주어서 힘든 운동을 할 때에도 뼈에 무리가 가지 않아 매우 효과적이다.

근수축력과 관절에 가동성을 이용하여 지렛대, 도르래, 축, 지지면 등 기계적 작용을 수행한다.

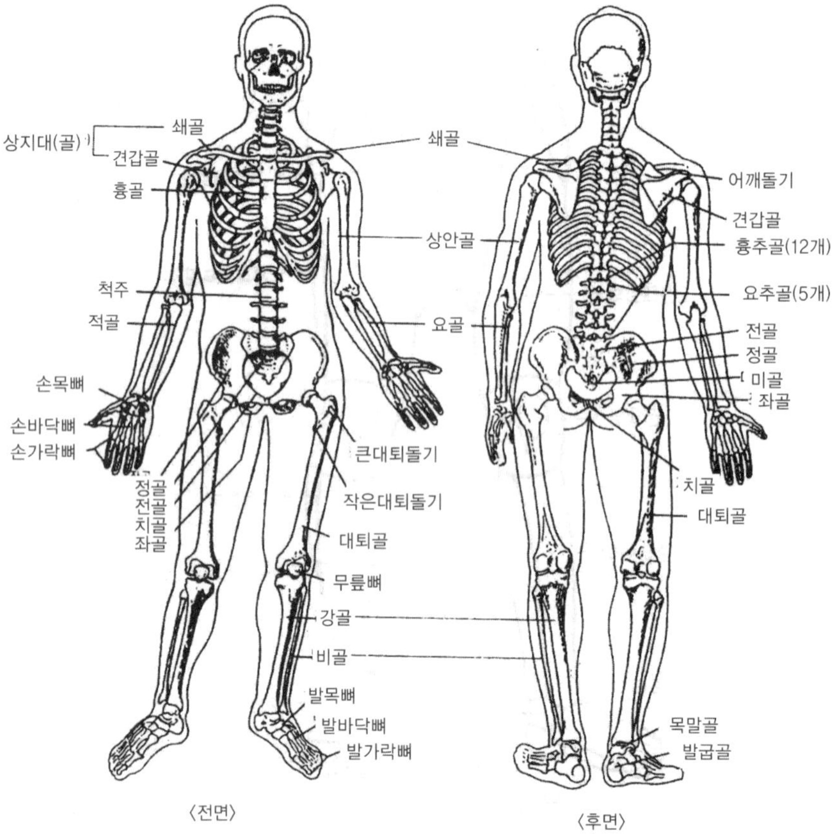

〈그림6〉 골격계

(1) 뼈의 구조

뼈는 골막, 관절연골, 치밀질, 골수강, 하비스관 등으로 구성되어있다. 골막은 연골로 덮힌 뼈의 관절단 표면을 제외한 모든 뼈의 표면을 싸고 있는데 이 섬유성의 골막은 뼈를 싸는 강한 결합조직의 막으로 혈관과 신경이 많이 분포되어 있어 뼈의 영양을 공급하고 또 뼈를 보호함으로써 뼈의 재생에 중요한 역할을 한다. 골막은 지각신경과 혈관의 얇은 막이지만 매우 중요한 역할을 한다. 골은 표층이 단단한 치막질로 되어있고 심층은 엉성한 해면질로 되어 있으며 중심부는 대다수가 수강이라는 공간으로 되어있는데 수강은 골수로 가득 차있다. 골수에는 적색골수와 황색골수 두 가지가 있으며 적색골수는 조혈작용을 하고, 황색골수는 적색골수의 조혈작용이 중지되어 주로 지방으로 대치된 상태의 골수로써 성인의 장골 공간으로 볼 수 있다. 장골에서는 신경과 혈관이 통과하는 세로 방향의 하비스관이 있어 그곳으로 산소와 영양 및 노폐물을 운반하고 신진대사를 담당한다.

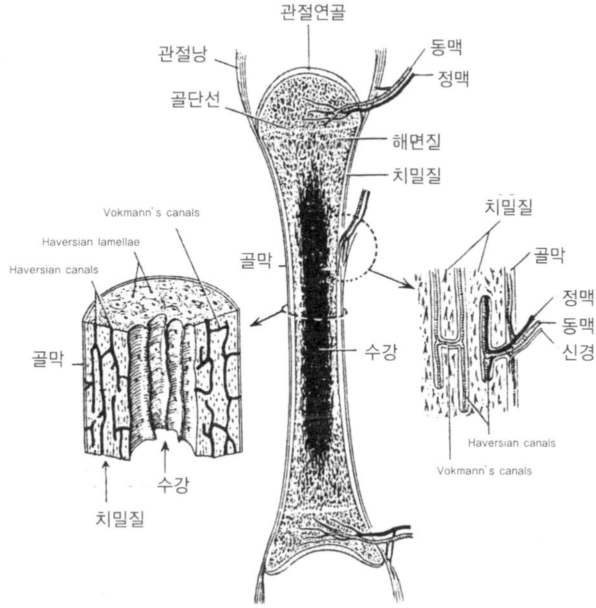

〈그림7〉 뼈의 구조

(2) 관절

관절은 기능과 형태에 따라 분류하는데 각 관절은 역할(운동)에 따르는 알맞은 형태를 하고 있다. 그리고 관절운동은 그 운동을 일으키는 '근'이 관여하므로 관절을 이해하려면 여기에 관여하는 '근'에 대하여 잘 이해하여야 한다.

일반적으로 관절은 2개 이상의 뼈가 만나서 형성하게 되는 것을 말한다. 2개의 뼈 사이에서 만들어지는 관절을 '단순관절'이라 하고, 3개 이상의 골이 하나의 관절을 형성하는 것을 '복합관절'이라고 한다. 또 전혀 움직이지 못하는 '부동관절', 약간 유동적이며 충격을 방지할 수 있는 '반관절', 어떤 방향으로나 움직일 수 있는 '전동관절', 한쪽 방향으로만 움직일 수 있는 경첩관절(무릎 · 팔굽관절) 등이 있다.

골격을 형성하는 많은 뼈는 각각 적당한 방법으로 연결되어 있고, 그 연결방법에 따라서 운동의 범위도 정도가 다르다.

대퇴골은 경골과 함께 '슬' 관절을 형성하고, 상완골은 요골과 척골과 함께 주관절을 형성한다. 또 뼈 관절에는 부동성 결합과 가동성 결합이 있다. 두개의 뼈가 연속성으로 연결되어 전혀 움직이지 못하는 관절을 부동성 관절이라고 하고, 가동성 결합은 대부분의 '골' 이 결합양식을 하고 있으며 2개 또는 3개가 가동성으로 연결되어 일반적으로 관절이라고 한다.

관절의 가장 일반적인 분류는 관절면 즉 '관절두' 와 '관절와' 의 모양에 의하여 구분되고 있다.

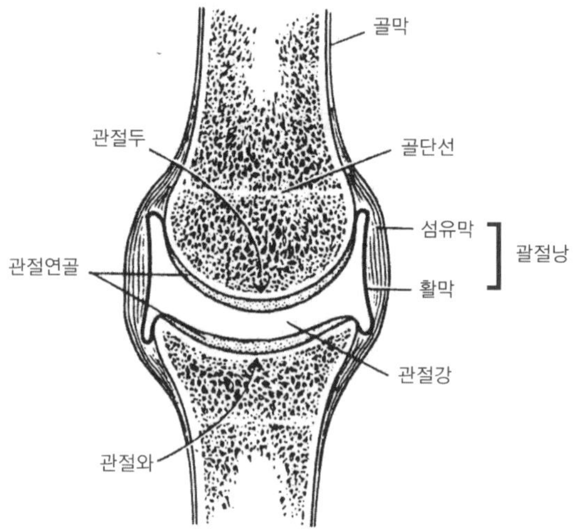

〈그림8〉 관절

(3) 척주

척주는 32-35개의 추골이 이어져서 형성되고 추골과 추골사이에 추간원판으로 이루어졌으며 체간의 지주를 이루고 추골은 위로부터 7개의 경추, 12개의 흉추, 5개의 요추, 5개의 천추가 유합하여 1개의 천골이 되고, 또 3~5개의 미추가 모여 1개의 미골이 된다. 또한 척주는 체간의 정중선상에 있으며 좌, 우 방향으로 거의 똑바르지만 전후 방향으로는 일정한 부위가 만곡되어 있다. 경부만곡과 요부만곡이라고 하는 것은 전방으로 굽어있다. 이들 4부위의 굴곡이 심한 것을 전굴, 후굴이라 하고 옆으로 굽은 것을 측굴 이라고 한다.

척주는 상기와 같이 체간의 지주작용 외에 각 추공 연결에 의해 구성되는 척주관내의 척수를 사용하고 이것을 보호하는 중요한 역할을 한다. 또 척주에 대한 충격을 완화시키는 추간원판의 쿠션작용도 관여한다. 추간원판은 섬유 연골륜으로 그 주변부는 약간 딱딱한 섬유륜으로 되어 있으나 그 중앙부는 수핵이라는 젤리와 같은 연한 조직으로 되어 있다.

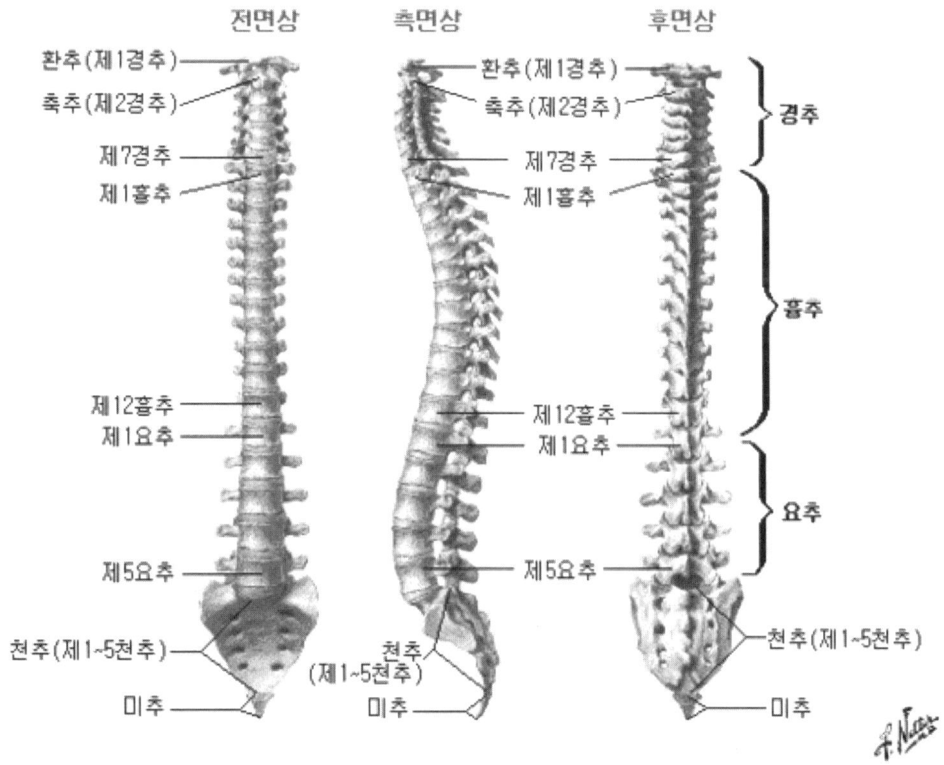

〈그림9〉 척주(우측면)

(4) 흉곽

12쌍의 늑골(ribs)이 12개의 흉추와 12개의 흉골과 연결되므로 써 그 모습은 대체로 원추상이다. 늑골은 24개의 흉곽 양편에 12개씩 붙어 흉벽을 이루며 뒤는 척추에 붙어있고 앞으로는 늑연골이 연결되어 있다.

흉곽은 흉강에 있는 내장(폐 · 심장 · 기관지 · 식도 등)을 보호하는 동시에 호흡작용에 관여한다.

흉골은 흉부의 전면 중앙부에 있는 편평골이며 길이는 14-16cm이고 대체로 제 3-9흉추 높이에 위치한다.

흉곽이란 것은 늑간극 등을 포함하여 넓은 의미로 가슴 혹은 흉벽이라는 의미로도 쓰인다.

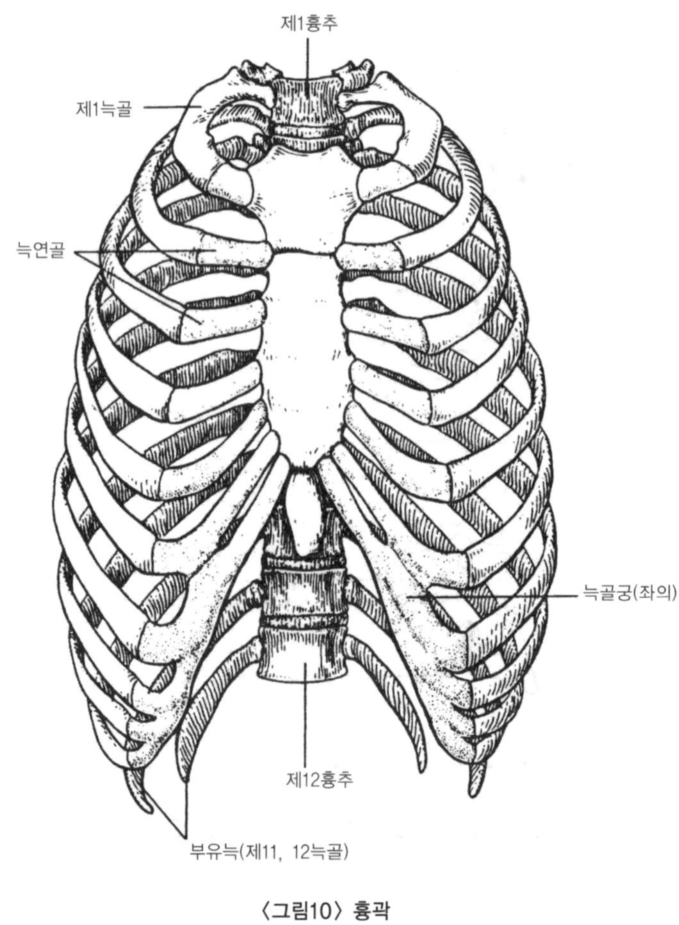

〈그림10〉 흉곽

(5) 골반

좌우의 관골(hip bone)과 후방의 천골 및 미골에 의해 둘러싸인 커다란 그릇 모양의 골격이다.

골반은 그 내용 기관을 보호하는 동시에 체간을 밑으로 받쳐줌으로써 양 하지와 함께 체중을 지지하는 중요한 골격이다. 관골은 후방에서 천정관절에 의해 양측이 결합되어 있다. 치골결합은 섬유연골의 결합이다. 골반은 여성과 남성이 차이가 있다.

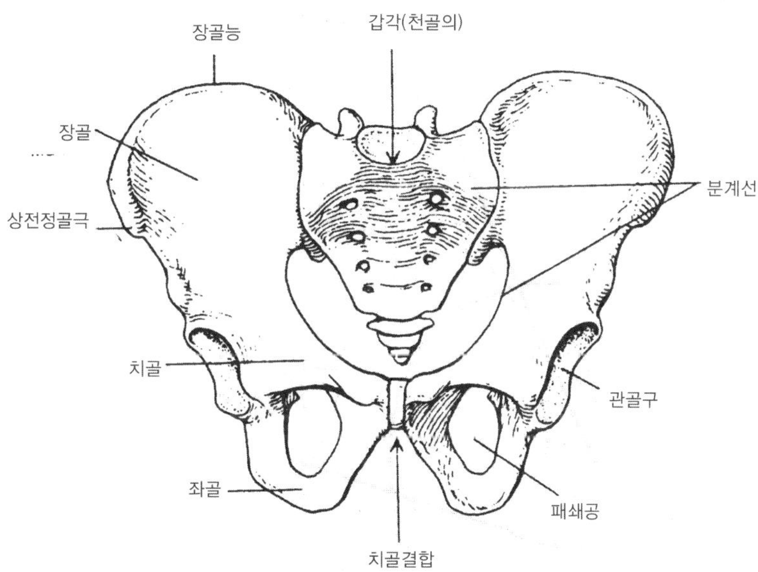

〈그림11〉 골반(남성)

〈표10〉 골반비교표

구분	남성	여성
골반강	좁고 깔대기 모양	넓고 원통형
골반상 · 하	각 직경이 작다	각 직경이 크다
치골하각	예각(50°~60°)	둔각(70°~90°)
천골	폭이 좁고 만곡도가 크다	폭이 넓고 만곡도가 작다
각	돌출이 현저함	돌출이 약함

(6) 체지골

체지골은 상지골과 하지골로 나누어진다.

상지골은 양측 모두 64개의 골로 이루어진다. 상지와 체간의 결합하는 상지대의 골에서 쇄골과 견갑골이 있고, 자유상지의 '골'로써 상완부에서 상완골, 전완부에서 요골과 척골이 있고, 손에는 수근골과 중수골 및 지골이 있다.

- 상지골
  - 상 지 대
    1. 쇄 골 1×2=2
    2. 견갑골 1×2=2
  - 자유상지
    1. 상완골 1×2=2
    2. 요 골 1×2=2
    3. 척 골 1×2=2
    4. 수근골 8×2=16
    5. 중수골 5×2=10
    6. 지 골 14×2=28

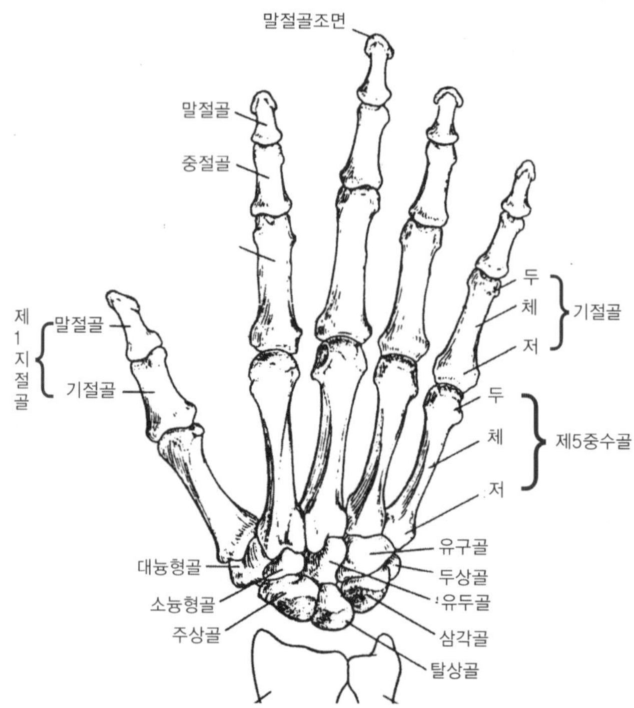

〈그림12〉 손의 골격(손등)

하지골은 양측에서 모두 62개의 '골'로 이루어진다. 하지를 체간결합하는 하지대의 '골'로서는 관골이 있으며 자유하지 '골'로서 대퇴부에서 대퇴골과 슬개골이 있으며, 하퇴부에서는 경골과 비골이있고, 발에는 손과 마찬가지로 족근골과 중족골 및 지골(족)로 구분된다.

- 하지골
  - 하지대관골 — 1×2=2
  - 자유하지
    - 1. 대퇴골 1×2=2
    - 2. 슬개골 1×2=2
    - 3. 경　골 1×2=2
    - 4. 비　골 1×2=2
    - 5. 족근골 1×2=2
    - 6. 중족골 1×2=2
    - (족의)지골 14×2=28

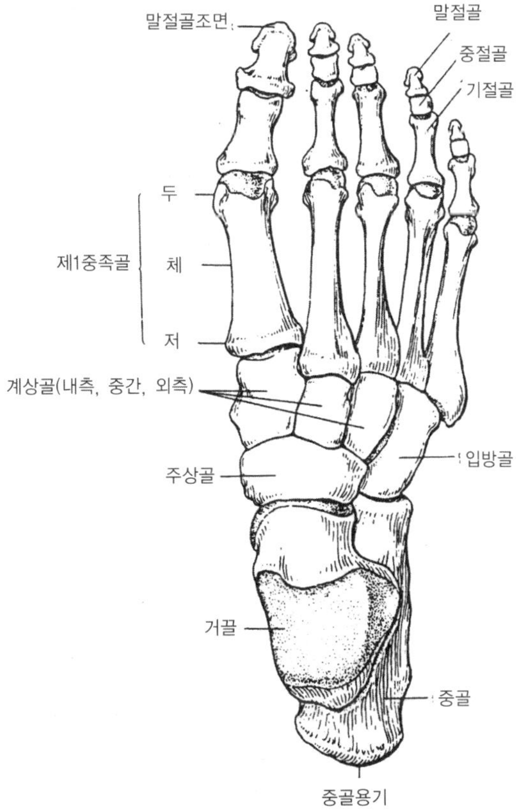

〈그림13〉 발의 골격(발등)

4) 골격계의 기능

(1) 지렛대

저항을 이겨낼 수 있는 힘이 가해졌을 때 축을 중심으로 회전하는 간단한 막대기로 여기에는 축, 힘, 작용점이 존재 한다. 지렛대의 종류에는 축, 힘점, 작용점의 배열에 따라 다음과 같은 세 가지 유형이 있다.

① 제 1 종 지렛대 - 축이 힘점과 작용점 사이에 있다.

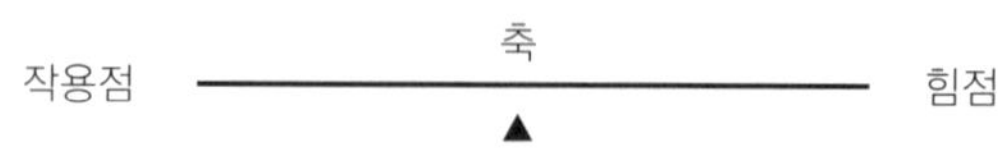

② 제 2 종 지렛대 - 작용점이 축과 힘점 사이에 있는 지렛대

③ 제 3 종 지렛대 - 힘점이 축과 작용점 사이에 있는 지렛대

모든 지렛대는 '축'을 중심으로 하여 회전 운동이 일어나며 '힘x힘팔의 길이'가 '저항x작용팔의 길이'의 값이 동일 할 때 평형상태를 유지할 수 있다. 이러한 지렛대의 원리 때문에 역기를 들때 몸에 바짝 붙여서 드는데 이는 작용팔의 길이를 짧게 함으로써 적은 힘이 소요되도록 하기 위함이다.

신체 지레의 경우 약 90% 이상이 제 3 종 지레에 속하기 때문에 작용 팔보다 짧아 힘의 효율 면에서는 비효율적이지만 운동속도와 운동범위에서는 이득을 보고 있다.

(2) 축과 지지면

자전거의 페달, 문의 손잡이, 물레방아 등과 같이 바퀴와 축을 일상생활에서 여러 가지 용도로 이용하고 있다. 인체 내에서 축과 지지면은 대부분의 신체 지레와 같이 힘을 소모하여 운동범위와 속도에서 이득을 보는 유형이 대부분이며 그 종류는 다음과 같다.

· 힘을 바퀴에 가하여 축에서 큰 힘을 얻는 운전대나 문의 손잡이와 같은 것
· 자동차의 뒷바퀴나 자전거의 페달과 같이 축에 힘을 가하여 빠른 회전력을 얻는 것

신체의 경우 몸통의 횡단면을 그 예로 들 수 있다. 몸통 회전시 늑골 주위에 붙어있는 외사근과 내사근은 척추를 축으로 하여 몸통을 회전시켜주는 것과 같은 움직임이다.

(3) 도르래 기능

도르래의 경우에는 고정용과 이동용 두 가지가 있지만 신체에는 모두 고정용 도르래의 형태만 있다. 신체의 도르래는 근육을 당기는 각도를 크게 해주거나 발휘되는 근력의 방향을 조절하는 역할을 주로 한다. 무릎에 있는 경골내과는 무릎을 굴곡 시킬 때 박근의 건이 당기는 각도를 크게 해주는 역할을 수행하고 있으며, 비골내측과는 장비골근이 수축 시 수축방향의 반대방향으로 굴곡 시켜주는 역할을 한다. 운동을 할때 중심이동과 안정원리에 대하여 알아보면 신체는 지구상의 모든 물체와 마찬가지로 중력의 영향을 받고 있으며 의식적이든 무의식적이든 신체에 미치는 중력과 외력에 저항하여 정적안정이나 동적안정을 취하고자 한다. 이들에 관한 원리의 이해와 응용은 신체활동 효율성의 증대에 도움을 줄 수 있다.

신체중심의 위치는 해부학적 자세(Anatomical Position)로 서 있을 때 대체로 제3선골 부위에 위치하며 여자가 남자보다, 동양 사람이 서양 사람보다 중심고가 낮다. 여자가 남자보다 중심고가 낮은 이유는 골반과 하체의 무게가 남자와 비교할 때 상대적으로 무겁기 때문이다. 제 3 선골부위에 중심고가 중심점이 되는 사람이 몸의 균형과 신체활동에 따른 피로도가 덜하고 몸에 무리도 가질 않는다. 그러나 신체 중심의 위치는 자세의 변화와 동작의 변화에

따라 그 위치가 바뀌며, 신체중심의 위치가 신체외부에 있을 수 있는데 이것은 지나치게 허리가 굽은 사람들이다.

이상과 같은 신체중심의 변화를 효과적으로 이용함으로서 운동의 효과를 한층 높일 수 있다. 장 · 단점은 신체 모두에 있겠으나 도약의 능력을 가늠할 때 신체의 중심고 높이는 매우 중요한 체격 요인이 된다.

· 하체가 길어 중심고가 높은 사람 – 높이뛰기나 다리로 하는 운동
· 상체가 길어 중심고가 낮은 사람 – 허리나 상체로 하는 운동

안정성에 기여하는 요인으로는 중심(몸의 중심점), 기저면(바닥 접촉 면적), 질량(무게) 등을 들 수 있으며 그 효과는 다음과 같다.

· 중심 위치는 낮을수록 안정성이 크다.
이는 중심고가 높으면 외력이 작용할 때 기저면을 쉽게 벗어나게 될 수 있기 때문이다.
· 기저면이 넓으면 넓을수록 안정성이 크다.
기저면은 물체가 지면에 접촉될 때 접촉되는 면적이다.
중심에서 내린 수직선 즉, 중심선이 기저면 중앙에 위치할수록 안정성이 크다.
· 물체의 질량이 클수록 안정성이 높다.
동일부피의 빈 상자와 무거운 물건이 가득 들어있는 상자에 외력을 가했을 때 가득 찬 상자는 쉽게 넘어뜨릴 수 없는 것과 같다.

(4) 골격근의 운동 반응

평상시 우리가 하는 의식적, 무의식적 운동은 신체의 어느 부위를 움직이기 위한 공동근의 운동이며 개개의 '근' 의 작용이 아니다. 국소적인 신체운동에서 여러 '근' 의 협력작용과 길항작용이 목적에 따라서 조절되고 있다. 그리고 운동의 기본이 되는 것은 전신의 관절이라는 것을 알아야 한다.

운동의 기본이 전신 관절이라면 운동전 얼마나 부드럽고 유연하

게 이완하여 운동강도를 주느냐가 중요한 관점이 될 것이다.

즉 뼈 그리고 관절과 골격근은 운동기관으로 총괄되며, 뼈 · 관절은 수동적 운동기관, 골격근은 능동적 운동기관이다.

대표적인 신체 부분운동과 여기에 관계되는 관절과 사용되는 '근' 을 알아보면 다음과 같다.

① 경부의 운동(경판상근, 경반극근)

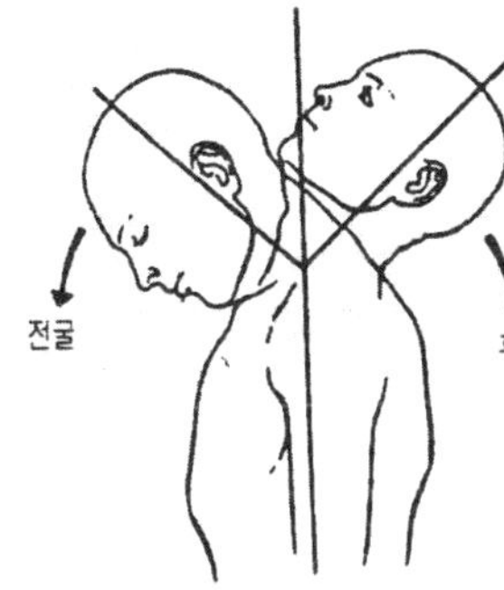

경부의 굴곡

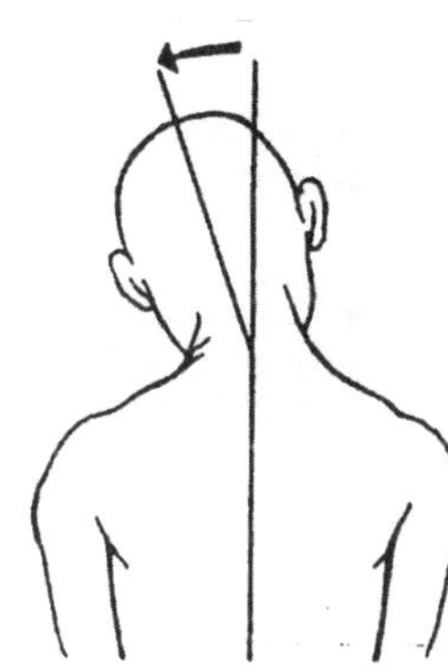

경부의 측굴

〈그림14〉 경부의 움직임

② 체간(흉배부, 요부)의 운동(추간관절의 공동운동)

· 신전: 척주기립근, 횡돌극근
· 굴곡: 복직근, 요방형근, 대요근
· 측굴: 측복근군, 척주기립근, 요방형근, 대요근
· 회선: 측복근군

③ 상지대의 운동(흉쇄관절: 견관절)

· 견갑거상: 견갑거근, 능형근, 승모근(상부)
· 신 전: 어깨의 경직된 모든 근육을 이완할 수 있음
· 견갑하강: 대 · 소흉근, 광배근, 전거근, 승모근(하부)
· 견갑내전 (견갑골을 후방으로 당기어 척주에 근접시키고, 가슴을 펴는 운동): 승모근(중부), 능형근, 광배근

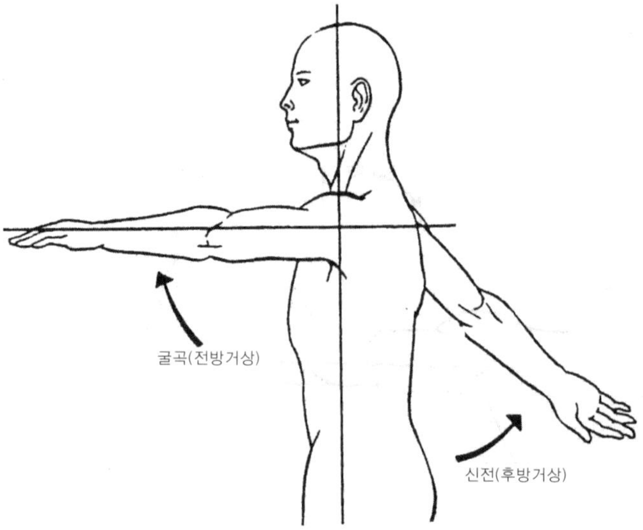

〈그림15〉 어깨의 굴곡과 신전(후방거상)

④ 상완의 운동 (견관절)

· 외전(상지를 측방으로 올리는 운동): 삼각근 · 극상근

· 내전(측방에서 체간으로 가까이 대는 운동): 대흉근, 광배근, 대원근

· 굴곡(상지를 전방으로 약90도 올리는 운동): 상완이두근, 삼각근

· 신전(후방으로 50도 올리는 방법): 대원근, 광배근, 삼각근(후방부)

· 외선(상완을 외측으로 돌리는 운동): 극하근, 소원근, 삼각근(후방부) · 내선(상완을 내측으로 돌리는 운동): 대흉근, 광배근, 견갑하근

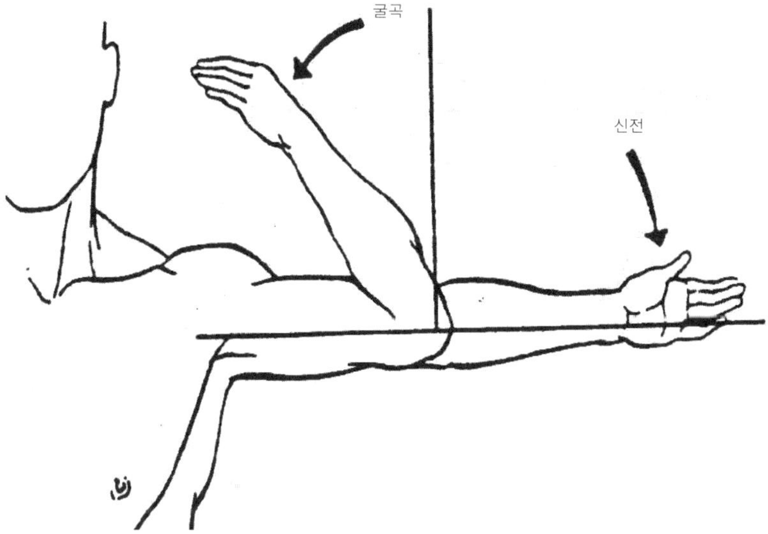

〈그림16〉 상지(어깨)의 외전과 내전

⑤ 전완의 운동 (주관절)

· 굴곡: 상완근, 상완이두근, 완요골근

· 신전: 상완삼두근

· 회외(손바닥을 전측방으로 돌리는 운동) : 회내근, 상완이두근, 완요골근

· 회내(손바닥을 내후측방으로 돌리는 운동) : 원회내근, 방형회내근

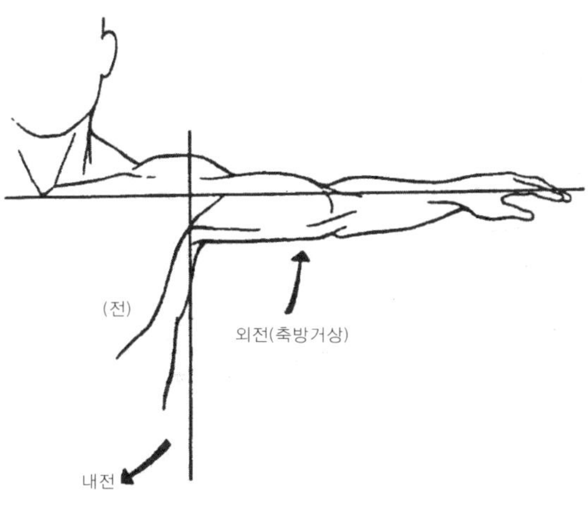

〈그림17〉 팔꿈치의 굴곡과 신전

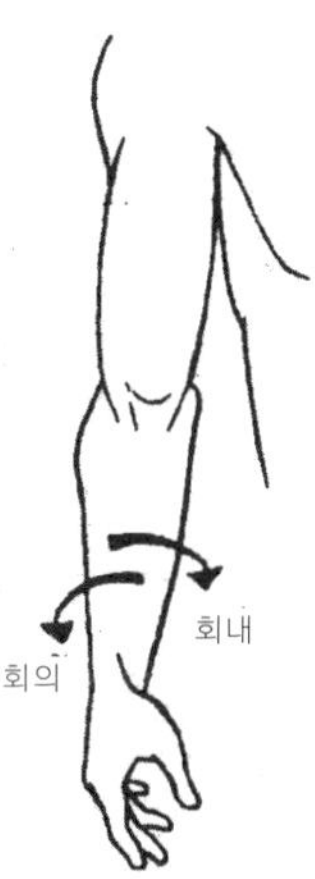

〈그림18〉 전완의 회외와 회내

⑥ 대퇴의 운동 (고관절)

· 굴곡: 장요근, 대퇴근막장근, 대퇴직근

· 신전: 대둔근, 대퇴이두근

· 내전: 대내전근, 박근

대퇴근막장근

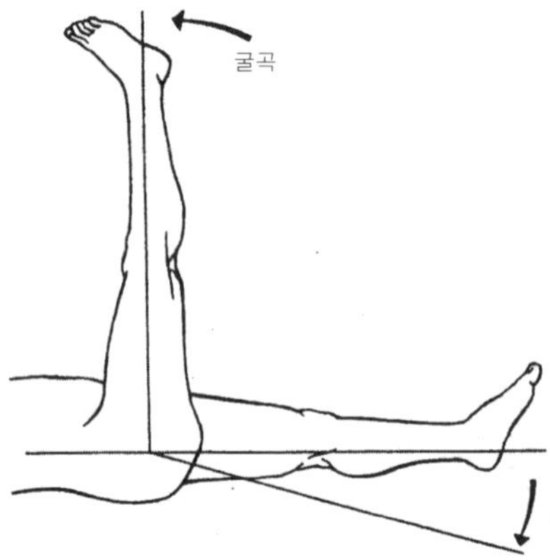

대퇴(고관절)의 굴곡과 신전

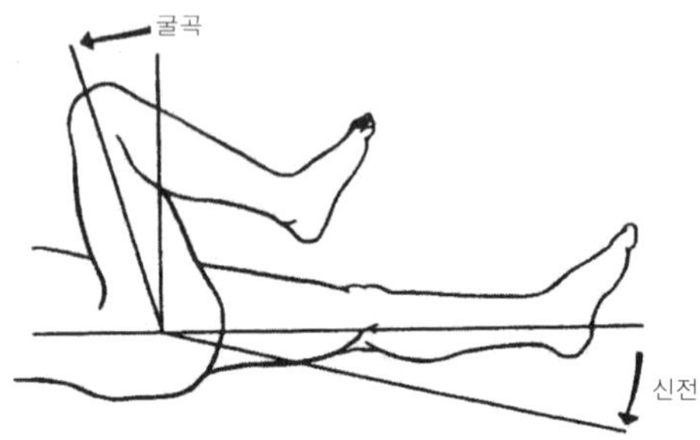

무릎(슬관절)과 대퇴의 굴곡과 신전

〈그림19〉 대퇴 및 무릎의 굴곡과 신전

(7) 하퇴의 운동 (슬관절)

· 신전: 대퇴사두근

· 굴곡: 반건양근, 반막양근, 대퇴이두근, 박근, 봉공근

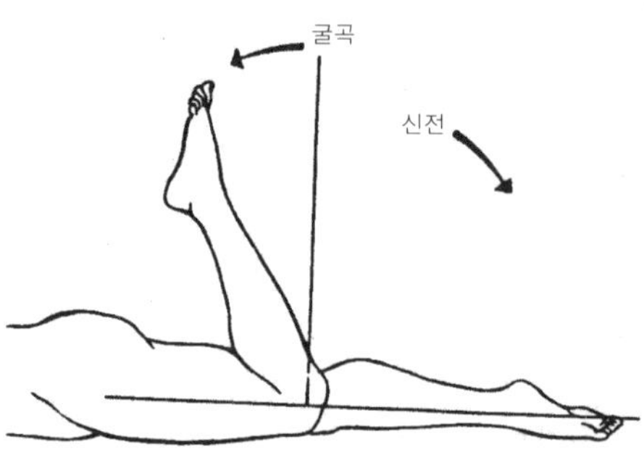

무릎의 골곡과 신전

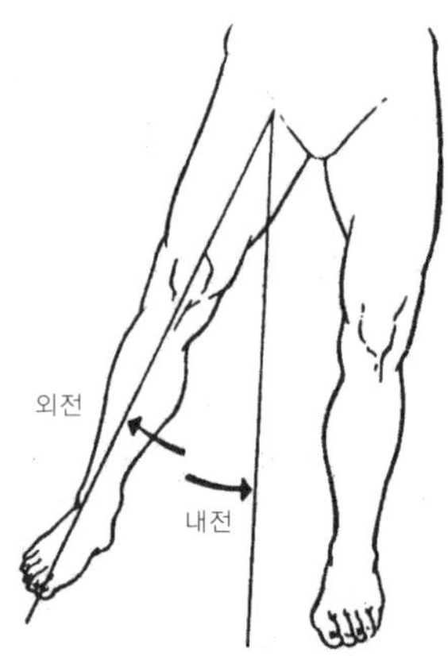

하지 및 대퇴의 외전과 내전

〈그림20〉 하지의 움직임

5) 신체의 근육계

우리의 몸에는 모양과 길이가 서로 다른 약 430개의 근육이 있으며, 근육의 무게는 체중의 약 60%를 차지한다. 근육에는 수의근에 해당하는 골격근과 불수의근에 해당하는 심장근과 내장근이 있다.

골격근은 우리가 신체활동을 할 때 직접관계를 갖는 근육으로서 이는 근원섬유가 모여 다발모양을 하고 있다.

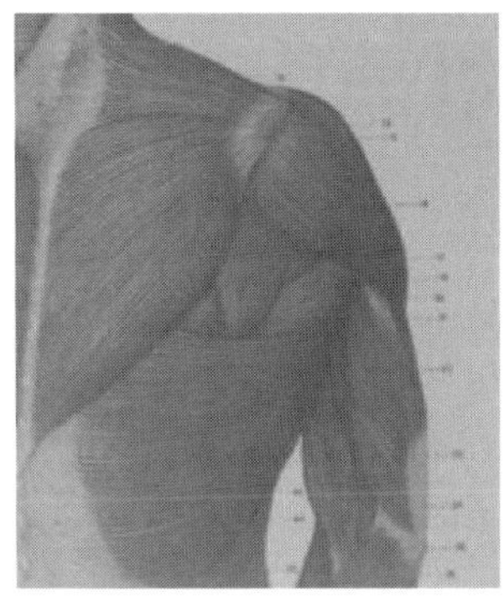

〈그림21〉 어깨근육

한 다발의 골격근 속에는 태어날 때부터 근원섬유의 수가 정해져 있으며 어른이 되더라도 그 수는 변하지 않는다고 한다. 즉, 어린이의 근원섬유는 가늘고 어른의 근원섬유는 굵을 뿐 성장하면서 생성되고 소멸되는 것이 아니라는 것이다. 운동을 하면 근원섬유가 굵어지는데 이를 '근' 비대화라고 하며, 운동을 하면 '근' 이 보기 좋게 비대해지기 때문에 균형 잡힌 몸매를 만들 수 있는 것이다. 이 근육이 수축할 때 내는 힘을 근력이라 하며 근력은 근육의 굵기에 비례한다.

독일의 '근' 생리학자인 헤딩거 박사의 연구를 인용하면 근육의 생리학적 횡단면적은 1㎠당 5kg의 근력을 낸다고 하였다.

1880년 Ranvier는 포유류 동물의 골격근에서 색깔과 구조가 서로 다른 赤筋(slow twitch fiber)과 白筋(fast twitch fiber)의 섬유가 있다는 것을 처음 발견하였다. 그 후 대니 브라운에 의해서 골격근에는 3개의 유형(적근, 백근, 중간근)이 있다고 밝혀졌다.

한편 아킬레스건 운동은 '건' 을 튼튼하게 발달시켜주는데 이는 (건) 뼈를 연결하는 부분이다. 따라서 건이 튼튼하면 무리한 동작을 할 때에도 끊어지는 경우가 매우 적다.

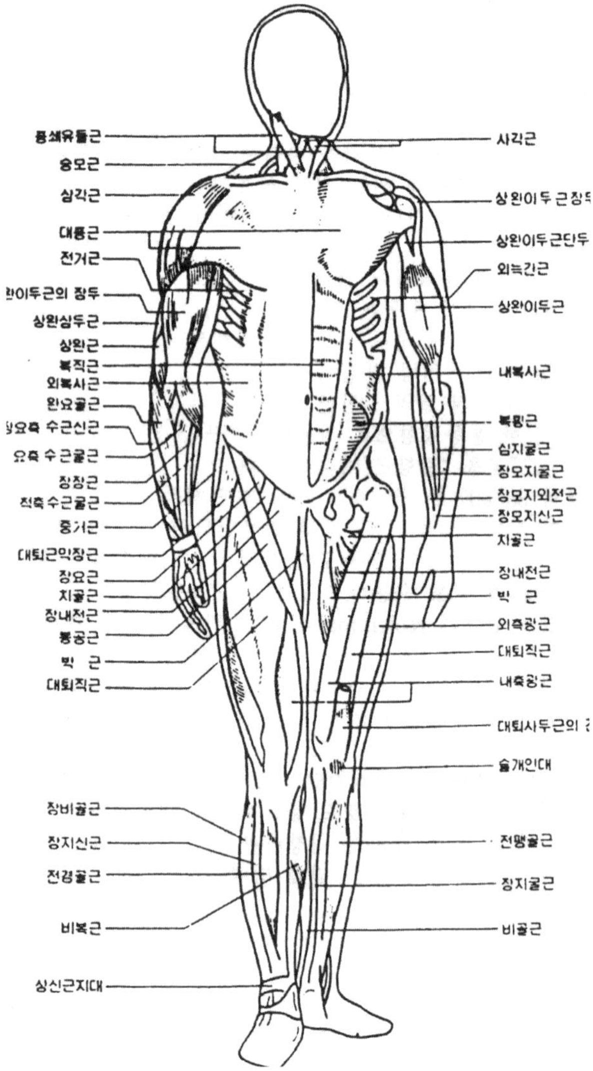

〈그림22〉 전신근육도(전면)

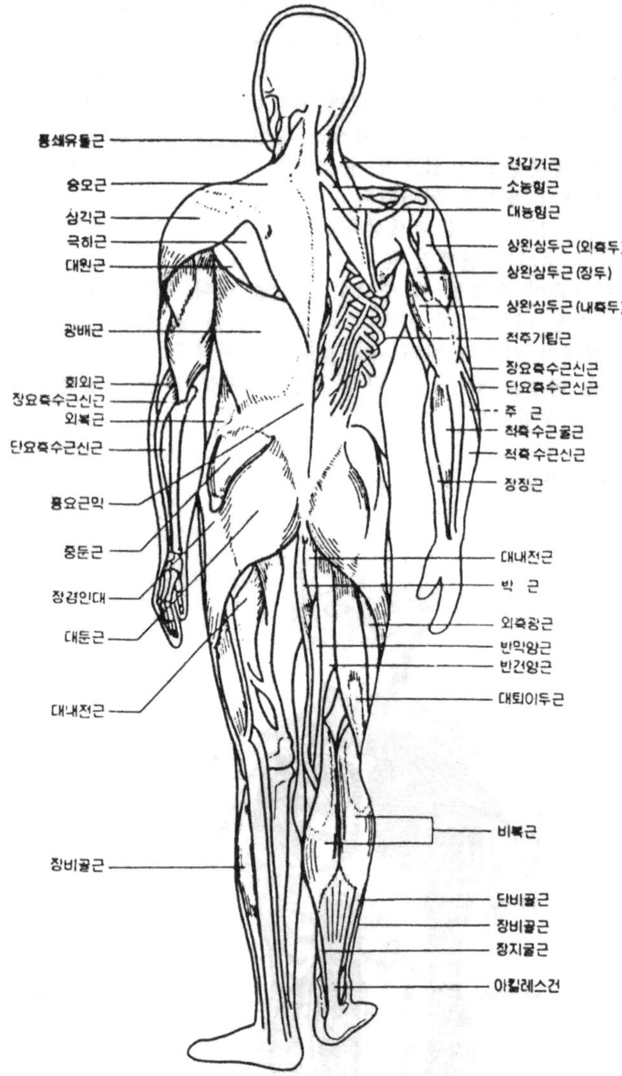

〈그림23〉 전신근육도(후면)

(1) 근섬유의 특징

스포츠 과학 분야에서는 근 섬유를 크게 스포츠 활동과 관계가 깊은 FT 섬유와 ST 섬유로 분류하는데 이들 섬유의 구성 및 기능 화학적 성분을 구분하면 다음과 같다. 근 섬유의 수축 속도를 보면 FT 섬유가 최대 장력을 일으키는데 필요한 수축시간은 ST 섬유에 비하여 1/3에 불과하다.

근 섬유를 살펴보면 FT「속근(붉은색): Fast Twitch」와 ST「지근(백색) : Slow Twitch」 단위로 나누어져 있는데 〈표11〉를 참고하면 다음과 같다.

〈표11〉 근섬유의 구성, 기능 및 화학적 성분비교 (트레이닝방법론)

구분	ST섬유	FT섬유
구성	근원섬유가 굵다. 횡문이 적다. 주로 tonic NMU로 구성된다 전주세포가 작고 오래되었다. 신경지배비가 크다.	근원섬유가 가늘다. 횡문이 많다. 주로 kinetic NMU로 구성된다. 전주세포가 크고 새로운 것이다. 신경지배비가 적다.
기능	주로 추체외로성 postural adjustment를 담당한다. 완 근 긴 잠복기간을 갖고 천천히 반응 장시간의 수축, 지속적인 수축 필요 흥분성이 적고 수축의 강도가 크다. 호흡효소성이 강하다.	주로 추체로성 phasic movement를 담당한다. 속 근 짧은 자극간격 반응 기교적인 움직임으로 분화. 단시간에 수축한다. 흥분성이 높고 수축의 강도는 작다. 호흡효소성이 약하다.
화학적 성분	고 에너지 인산보유량이 적다. 단백질 75% 많은 ⓝ입을 갖고 있다.	고 에너지 인산보유량이 많다. 단백질 85% ⓝ입이 석다

이와 같이 FT 단위가 ST 단위보다 수축 속도가 빠른 이유는 FT 섬유가 무산소적 능력이 크기 때문이며 또 하나의 중요한 요인은 지배하는 운동 뉴런의 크기 차이이다. 일반적으로 FT 단위를 지배하는 운동 뉴런은 ST 단위의 운동 뉴런보다 크며, 이는 운동 단위에 수축을 일으키는 신경 충격이 축색돌기에서 빠르게 전달된다는 것을 의미한다. 그러므로 FT 섬유의 구성비율이 높은 사람이 그렇지 못한 사람보다 필요한 근육의 수축을 빠르게 일으킬 수 있는것이다.

(2) 근섬유의 유 · 무산소적 능력

무산소적 능력은 FT 섬유가 높고, 유산소적 능력은 ST 섬유가 높다. FT 섬유는 무산소적 과정인 ATP-PC 시스템의 반응을 활성화시킬 수 있는 효소의 기능이 ST 섬유에 비해서 3배에 달하며 젖산 시스템에서도 FT 섬유의 효소가 ST 섬유의 효소보다 2배나 활성적이다. 그러나 유산소적 에너지 시스템의 반응에 관계하는 효소의 활성력은 FT 섬유보다 ST 섬유가 훨씬 크다. 이러한 이유는 유산소적 반응에 중요한 미토콘드리아의 양과 크기가 단위 근섬유 당 모세혈관의 수와 마찬가지로 ST 섬유가 많이 보유하고 있으며 유산소적 능력에 크게 기여하는 근육내의 myoglobin의 함유량이 많기 때문이다. 그러므로 무산소적 에너지 시스템에 의하여 에너지를 제공받는 운동은 FT 섬유의 발달을 위한 근육 트레이닝을 실시하여야 하며 유산소적 운동은 ST 섬유의 발달을 위한 근육 트레이닝에 주가 되어야 한다는 것이다.

(3) 근 섬유의 피로 및 활용

최근 실험에서 FT 운동 단위가 ST 운동 단위보다 피로가 빨리 온다는 것이 입증 되었다. FT 섬유의 구성비율이 많은 사람과 그보다 적은 사람을 대상으로 동일한 운동부하를 주었을 때 나타난 결과는 근육의 최대 힘은 FT 섬유 구성비율이 높은 사람이 큰것이었으나 근력의 감소는 FT 섬유 구성 비율이 적은 사람이 작았다. 이것을 보아 알 수 있듯이 FT 섬유는 일시적인 큰 힘을 낼수 있는 반면 피로가 빨리 오고, ST 섬유는 피로가 늦기 때문에 지구력 경기에 유리하다는 결론이다.

모든 스포츠 활동은 FT 섬유와 ST 섬유의 동원이 모두 요구되지만 운동 중 ST 섬유는 지구성 운동에 우선적으로 동원되며 FT 섬유는 폭발적인 힘을 요구하는 단거리 같은 운동에 우선적으로 사용된다. 훌륭한 트레이닝은 이러한 점을 고려하여 FT 섬유 대사능력을 증가시키기 위해서는 트레이닝 계획을 높은 강도로 구성하여야 하며, ST 섬유의 대사능력을 높이기 위해서 트레이닝을 낮은 강도의 운동이 장시간 구성되어야 바람직하다.

(4) 근섬유의 운동 적성

1874년 Ranvier에 의해서 토끼 하지근(下肢筋)의 수축성(收縮性)을 살펴보면 근섬유 타입(type)의 ST 섬유가 FT 섬유에 비하여 수축 속도가 늦다는 사실이 밝혀진 이래 1962년 Bergstromdl이

침생검법(Needle Biopsy 법)을 개발하여 건강한 사람의 골격근(骨格筋)을 채취(採取)한 후, 근섬유의 타입별 조직화학적 및 생화학적 특성을 명확하게 밝히기에 이르렀다. 즉, ST 섬유는 산화적(酸化的)이며, 지속적 특성을 지니며, FT 섬유는 해당적(解糖的(급히 분해됨))이며 순발적 특성을 지니기 때문에 골격근조직내(骨格筋組織內)에 ST섬유 구성비율이 많으면 지구성 운동에 유리할 것이며 FT 섬유의 구성비율이 많으면 파워 근운동에 유리할 것이다.

(5) 근 수축의 형태

근육이 수축하는 형태에는 여러 가지가 있다. 트레이닝 유형에 따라 수축방법이 달라지므로, 우선 근 수축의 형태를 이해할 필요가 있다. 근 수축의 형태에는 구심성 수축, 원심성 수축, 등척성 수축, 등속성 수축 등이 있다.

① 구심성 수축

구심성 수축은 근육이 힘을 발휘하면서 그 길이가 짧아지는 수축으로써 물건을 들어올리는 등 우리가 가상 흔하게 접하는 형태이다. 구심성 수축은 등장성 혹은 단축성 수축이라고도 한다.

구심성 수축을 할 때는 운동 중 관절의 모든 각도에서 동일한 장력이 발생되지 않는다. 바꾸어 말하면, 동일한 무게를 들어 올리더라도 여러 가지 관절각도에서 근육이 쓰는 힘이 다르다.

예를 들어 손으로 똑같은 물건을 들어 올리더라도 팔을 편 채 물건을 들어올리기 시작할 때부터 팔꿈치 각도가 90°에 가까울 수록 힘이 덜 든다. 그러므로 운동 속도도 달라진다. 따라서 특정한 각도에 따라 근육의 작용하는 힘이 변하는 원리이다.

② 원심성 수축

이것은 구심성 또는 등장성 수축과 상반된 형태이다. 원심성 수축 중에는 근육의 장력을 발생하면서도 근육의 길이가 늘어난다.

무거운 짐을 들었다가 내려놓거나 내리막길을 달리거나 계단을 내려갈 때 근육은 원심성 수축을 일으킨다.

③ 등척성 수축

등척성이란 같은(iso) 길이(metric)를 의미하는 용어이다. 등척성 수축 중에는 근육의 장력은 발생하지만 길이는 변하지 않는다. 손바닥을 맞대고 양손을 누르거나 움직이지 않는 물체를 움직이려고 할 때가 등척성 수축의 예이다. 이 경우에 팔은 분명히 힘을 쓰는데 근육의 길이는 변하지 않는다.

④ 등속성 수축

등속성 수축은 운동의 전 과정을 통해 일정한 속도로 최대한의 수축을 하는 것으로 정의된다. 등속성 수축은 구심성 수축 약점을 보안한 것인데 그 내용은 다음과 같다. 구심성 수축 중에는 관절마다 운동의 속도와 수축력이 다르게 나타나는 것과, 움직임의 속도가 균일하게 조절되지 못하고 비교적 느린 것 등 이다. 그러나 통상적인 운동에서는 등속성 수축은 존재하지 않는다.

6) 신체의 신경계

신체활동에서 운동 중 역시 중요한 역할을 담당하는 기관인 신경계와 운동수행과의 관계를 보면 다음과 같다.

우리 몸의 모든 근육은 신경의 지배를 받아 운동수행 및 행위를 하게 된다. 이때 신경계의 자극전달에 의해 골격근이 수축되며 골격근에 의하여 뼈가 당겨져 동작을 하게 되는 것이다.

신경계는 크게 중추신경계와 말초신경계로 나누어진다.

- 중추신경계 – 대뇌, 소뇌, 뇌간, 척수
- 말초신경계 – 뇌신경, 척수신경

또 근육의 운동을 지배하는 것에는 수의운동과 반사운동이 있다. 수의운동은 근육이나 감각기관을 통해 전달된 자극이 대뇌의 운동중추에 도달하여 명령을 통합한 후에 전달경로인 추체로나 추체외로를 통해 내려오다가 척수에서 운동신경으로 전달되어 근육이 수축되어 일어난다. 이와 같이 대뇌가 작용하는 수의 운동을 반응운동이라 한다. 보통의 운동은 대개 반응운동이지만 연습이 알맞게 반복되면 자극이 대뇌의 작용 없이 직접신경에 전달되어 근육의 수축을 일으키게 된다.

단거리 달리기의 출발을 예로 설명하면 외부에서 신호나 총소리가 지각신경을 통해 대뇌에 전달되면 대뇌가 흥분하여 운동신경을 통해 명령을 내리게 되는데 이 명령을 받은 근육은 수축하여 운동을 일으킨다. 이것이 불수의근 운동으로 이루어지는 반사운동이라는 것이다.

반사운동은 근육이나 감각기관을 통해 전달된 자극이 대뇌의 운동중추에까지 이르지 않고 척수에서 다시 운동신경으로 명령하여 근육이 수축하여 일어난다. 반사운동의 반응시간은 수의운동시간보다 매우 짧은 것이 그 특징이다.

신경계에는 여러 개의 근섬유가 붙어 있는데 이것을 운동단위(Motor Unit)라고 한다.

손가락이나 눈과 같이 매우 세밀한 운동을 하는 부분은 하나의 운동 단위에 약 5~10개의 근섬유가 붙어 있지만 둔부에 있는 사두근의 경우 약 150여 개가 붙어있다. 신경계의 기능은 어린시절부터 그 기능이 빨리 발달한다.

그러므로 어려서부터 수준에 맞는 운동을 꾸준히 반복하여 연습을 하면 근육과 신경의 협조가 원활하게 이루어지게 되어 모든 동작을 더욱 빨리 그리고 훌륭하게 할 수 있다.

이와 같이 운동기관중 신경계와 운동수행과의 연관성은 매우 중요하며 아울러 신경이 날카로운 사람이 또한 운동신경이 예민한 것이 특징이다.

(1) 신경의 구조

기능적으로나 해부학적인 신경의 기본 단위는 뉴런(neuron), 또는 신경세포(nerve cell)이다.

뉴런을 설명하면,

① 세포체

② 수상돌기라고 불리는 짧은 신경섬유

③ 축색, 이라는 긴 신경 섬유로 구성되어 있다.

〈그림24〉 신경의 구조(뉴런 또는 신경세포)

전문적으로는 수상돌기와 축색은 신경섬유라해도 '신경섬유' 라는 용어는 일반적으로 축색을 지칭한다. 수상돌기는 신경충격을 세포체에 전달하는 반면에 축색은 세포체에서 먼 곳으로 신경충격을 전달하는 역할을 한다.

(2) 신경의 기능

근운동은 대뇌피질의 운동영역과 그 밖에 중추신경에서 발생한 임펄스(impulse)가 척수의 전각세포에 전달되고, 다시 이 임펄스가 운동신경을 걸쳐서 근을 수축시키는 것이다. 그러나 이 근은 중추로부터의 일반적인 명령만으로 팔다리의 운동을 비롯하여 여러 근운동이 그 목적에 따라서 조정되는 것은 아니다. 조정 작용은 근이나 그밖에 기관에서 오는 정보가 뇌에 전달되어 수행된다. 즉, 골격근은 이처럼 원심성 및 구심성 신경의 지배를 받음으로서 운동이 조정되고 있다. 근운동을 주체자인 사람의 의사가 작용하고 있느냐에 따라서 수의운동과 반사운동으로 크게 나누기는 하지만 이들 두 운동은 엄격히 따지면 구별할 수 없는 것으로 수의운동 중에서도 반사요소에 의하여 보조받고 있는 면이 매우 크고, 근운동의 조정이란 입장에서 본 경우 이들 두 운동을 따로 떼어 구분하는 데는 문제점이 있다.

구심성 신경에 의하여 말초로부터 중추신경계로 전달된 정보는 여러 종류의 감각(열, 빛, 촉각, 후각, 입각 등)과 관계가 있다. 감각신경과 중추신경의 연결은 우리로 하여금 여러 가지 감각을 지각하게 하고, 어떤 상황에서 적절한 운동반응을 일으키게 한다. 운동신경은 중추신경계에서 시작하여 골격근과 같은 효과기에서 끝낸다. 운동신경이 자극을 받으면 이의 지배 하에 근육이 수축하게 되는 것이 신경의 기능이다.

· 신경 충격 – 감각 신경과 운동신경에 의하여 전달되는 정보는 신경충동이라 부르는 전기에너지의 형태이다. 신경 충격은 신경 자극점의 교란으로서 축색전체의 자동적으로 전파되는 것을 말하는 것이다.

· 시냅스(Synapse) – 시냅스는 신체의 통신망이다. 이 통신망은 한 개의 섬유로 말초와 중추가 연결되어 있는 것이 아니고 많은 신경세포들이 연결된 회로이다. 척수로부터 대뇌피질로 가는 사이에는 군데군데 회백질의 집단이 있어 한 개의 신경세포가 한 개 또는 여러 개의 다른 신경세포와 연결되고 있다. 신경세포와 신경세포가 연결된 것을 Synapse라고 한다.

(3) 중추신경과 운동영역

각종 운동에서 상당히 발전된 운동의 형태는 상위중추의 지배를 받는다. 일반적으로 척수에 위치하여 있는 운동신경(하위운동 신경세포)은 근 수축에 실제적인 영향을 미치는 반면에 상위중추(뇌)에 있는 상위운동뉴런은 수축 순서를 프로그램을 하는 역할을 한다.

① 뇌(피질)의 운동영역

대뇌피질에는 자극을 받아 운동을 일으키는 특수한 신경세포를 가지고있는 두 영역이 있다. 각 영역은 고유의 운동패턴을 일으킨다.

· 추체로(pyramidal) – 추체로는 대뇌피질 4영역의 베츠 세포(Betz

cell)에서 출발하는 수의운동의 통로이고 연수의 주체를 통과하므로 추체로(錐體路)라 한다.

· 추체외로(extrapyramidal tract) - 척수 전주의 운동 뉴런에 끝나는 운동성의 중추경로 중에서 추체로 이외의 것을 추체외로(錐體外路)라 부른다.

② 수의 운동영역

대뇌피질에서의 임펄스는 각각 운동기관에 대응한 부위부터 발사된다. 그것은 대뇌피질의 운동은 지배하는 영역이 한정되어 있기 때문이다. 이것을 대뇌피질의 기능 국부화(functional localization)이라 한다.

③ 반응시간(Reaction time)

반응시간은 체력과 함께 운동에 대한 하나의 중요한 적성지표인 것이다. 반응시간의 측정방법에는 손의 반응, 시간이나 전신의 반응, 또는 연속적인 반복속도를 보는 것으로 tapping이나 stepping, side step, burpee test 등이 있다. 반응시간은 주(走), 소리(音) 등의 어느 하나의 자극을 주었을 때 될 수 있는 대로 빠르게 동작하는 것을 말한다.

7) 신체의 호흡계 및 순환계

신체의 움직임 및 운동은 호흡 · 순환기관의 뒷받침에 의해서 수행된다.

호흡계는 운동의 필요한 산소를 받아들이고 대사 작용에서 만들어진 탄산가스를 몸 밖으로 배출하는 기능을 담당하고 있으며, 순환계는 운동의 필요한 에너지 물질과 산소를 운반하고 조직에서 생겨난 노폐물을 몸 밖으로 걸러내는 기능을 담당하고 있다. 운동을 하게 되면 호흡이 가빠지고 호흡수, 호흡량, 산소섭취량 등이 증가하는 등 호흡계 및 순환계에 변화가 생기게 된다.

(1) 호흡

호흡수는 일반생활 때에는 1분에 약20회 이던 것이 운동 시에는 50~60회로 증가한다.

(2) 산소섭취량

산소섭취량은 일반생활 때에는 1분에 약 200~250㎖ 이던 것이 운동시에는 4ℓ 정도로 증가한다.

이처럼 운동 중에 호흡수와 산소섭취량이 크게 증가하는 것은 운동을 함으로써 근육의 생겨난 젖산을 산화시키는데 필요한 산소를 조직에 많이 공급하기 위함이다.

산소섭취량은 운동의 강 · 약의 척도가 된다. 운동중에 섭취하는 산소량으로 운동은 오래 계속할 수 있지만, 심폐량이 적은 사람이 갑자기 심한 운동은 매우 위험하다. 즉, 운동 중에 섭취하는 산소량보다 더 필요로 하는 운동은 얼마 못가서 끝이 나고 만다. 그 이유는 운동 중에 산소섭취량보다 더 많은 산소가 필요할 때에는 숨이 턱까지 차서 호흡이 곤란해지기 때문인데 몸 안에 산소 부족현상이 생겨서 조직에 젖산이 많이 생겨나 근육을 움직일 수 없게 된다. 이런 상황 속에서 약간 운동을 더 할 수 있는 능력 즉, 유산을 이겨낼 수 있는 능력을 '항내젖산능력'이라 한다.

항내젖산능력은 산소부채량으로써 평가하는데 이는 운동이 끝난 후 안정시로 되돌아오기까지의 산소섭취량으로써 운동으로 다져진 선수는 최고 15ℓ 정도 섭취량에 이른다.

① **폐의 기능**- 폐에 대하여 알아보면 좌 · 우 한 쌍으로 갈비뼈 안 흉곽 속에 자리하고 있으며 그 길이는 약 25㎝, 무게는 1kg 정도이다. 그러나 무수히 많은 '폐포' 또는 허파꽈리라고 하는데 이 폐포의 전체면적은 우리 몸 전체면적의 약20배나 되며 면적으로 환산하면 약 20평 크기에 해당한다. 폐의 부피는 최대 호흡시에 성인의 경우 호흡량은 약4000cc에 달한다. 이것을 보통 폐활량 이라고 부른다. 그래서 단 · 장거리 선수들은 산소부채량이 커야만 좋

은 선수가 될 수 있는 것이다.

사람이 격렬한 운동을 하다 보면 도중에 숨이 차고 가슴이 답답하며 힘든 고비를 겪게 된다. 이때를 제1호흡혼란기, 즉 사점(DeadPoint)이라고 한다. 그 원인은 운동 중 호흡에 기여하는 여러 근육과 횡격막의 산소부족현상 때문이다.

그러나 이 사점(Dead Point)을 이겨내고 땀을 흘리고 나면 몸이 가벼워지는 편안한 상태를 맞게 된다. 이 같은 현상을 세컨드 윈드(Second Wind)라고 한다. 이와 같이 강약을 조절하여 운동을 체계적으로 하면 호흡의 촉진과 더불어 순환계의 기능도 촉진된다. 이때 1회 박출량인 심박출량(심박수)이 증가한다. 심박출량(Heart Output)이란 1분간에 심장에서 내보내는 혈액의 총량을 말하는 것이다. 그런데 1회 박출량과 심박출량이 필요한 작업을 할 때에 1회 박출량이 크면 심박수가 그만큼 적어도 충당해 낼 수 있다. 1회 박출량이 커지려면 심장이 튼튼해야 하는데 이는 심장의 용적이 크고 수축력이 커야만 많은 혈액을 박출 해낼 수 있기 때문이다. 이 같은 심장을 스포츠 심장이라고 한다.

② **심장의 기능** - 심장의 크기는 보통 어른 주먹의 크기이며 무게는 성인의 경우 약 300g이며 길이는 12~15cm, 폭은 9cm이다. 이 조그마한 심장에서 가공할 힘이 나오는데 하루 24시간에 신체의 동맥 · 정맥 · 모세혈관 약 16만km을 누비는 것이다.

일반적으로 체중이 1kg 증가하면 혈관의 길이가 2.6km 정도 늘어나는 것으로 알려져 있다. 이는 체중이 늘어난 부위에 영양을 공급하기 위하여 발생하는 자연적 현상이다.

이와 같이 혈관의 길이가 늘어나면 간, 신장, 심장, 췌장 등 주요장기에 부담을 주므로 끝내는 지방간, 심장병, 동맥경화, 고혈압, 당뇨병 등과 같은 각종 성인병의 발생이 높아진다.

이 심장의 수축과 확장의 반복을 박동이라고 하는데 안정시 분당 60~70 회로 하루평균 약 10만번, 70평생 26억번, 시간당 에너지 생산량은 약 6,000Cal가 된다.

신체의 근육은 크게 두 가지로 대별되는데 의지대로 움직일 수 있는 수의근과 의지와 상관없이 움직이는 불수의근이 있다. 심장은 후자, 즉 불수의근에 속한다.

심장에서는 많은 혈액을 박출해 내어 근육에 운반했을 때 근육에서는 영양물질과 산소를 많이 사용할 수 있어야 한다. 근육에서 능률적으로 이용하는 수준을 평가하는데 동·경맥 혈의 산소함유량의 차이를 가지고 척도를 삼는다.

동·정맥의 산소 포함도를 알아보면 조직에서 이용된 산소의 양을 보면 안정 시에는 그 차이가 약 20%이던 것이 운동 시에는 약 40% 이상으로 증가한다. 이 결과를 보면 곱절이상을 조직에서 사용한 것을 알 수 있다. 또 활동과 내분비의 관계도 매우 깊다. 운동을 할 때 관련 깊은 호르몬은 부신수질에서 분비되는 아드레날린(Adrenaline)으로서 이것이 호흡과 순환기능을 촉진하는데 큰 역할을 한다. 그 밖에도 관계가 깊은 호르몬은 부신수질에서 분비되는 부신피질 호르몬을 들 수 있다. 이 호르몬은 외부로부터 신체에 대한 자극이 가해졌을 때 이것에 대하여 저항하는 능력을 높이는 기능을 하며 아울러 피로를 방지하고 근력을 증진케 하는 역할을 한다.

장시간 격렬한 운동을 하나보면 자연히 피로가 오기 마련이다. 이 피로의 원인은 젖산과 피로물질이 체내에 축적되고 글리코겐과 같은 에너지원이 소모되기 때문이다. 격심한 운동 후 육체적 피로는 정신작용을 흐트러지게 한다. 비교적 낮은 상태의 피로는 회복되지 않으면 과로 상태로 보아야 한다. 과로 상태가 되면 식욕이 떨어지고 잠을 이룰 수 없으며 체중이 줄고 운동 능력이 떨어지는 증상이 나타난다.

이때에는 충분한 휴식과 영양을 섭취하고 목욕이나 마사지를 하여 가능한 한 피로에서 회복이 되도록 노력하여야 한다. 사람이 신체활동을 하지 않더라도 에너지가 체내에서 소모되지만 운동을 하게 되면 에너지 소모가 더욱 증가한다.

8) 영양

우리 몸에 필요한 영양은 3대 영양소 즉, 탄수화물, 지방, 단백질이다.

(1) 탄수화물

곡류, 즉 감자류, 전분, 다당류, 과일, 설탕 등인데 소화와 흡수력이 빠르고 적은 양으로 많은 에너지를 낼 수 있다. 특히 비타민 B1 은 탄수화물 대사에 필수적이다.

(2) 지방

고기류는 1g 당 9cal로 열량가가 높다. 그러나 위 속에 머무는 시간이 길다. 지방질은 비타민 A, D 또는 E와 같은 비타민을 용해시켜 이를 흡수할 수 있도록 한다.

(3) 단백질

동물의 세포를 구성하는 주성분을 말한다. 효소나 항체 · 호르몬과 같은 생명유지에 없어서는 안 될 물질을 만드는 구성영양소이다. 인간은 일정한 양을 섭취하지 않으면 안 되는 필수 불가결한 영양소이다.

계란, 우유, 물고기, 쇠고기, 식용유, 곡류 등

『단백질(protein)은 그리스어로 '첫째' 라는 뜻이다. 단백질은 5대 영양소중에서 첫째로 꼽는다. 단백질의 가장 중요한 임무는 살 · 피 · 근육의 주원료가 되는 것, 또 각종 생화학적 반응에 촉매인 효소, 온갖 생리활동을 조절하는 호르몬, 외부의 병원균에 대항하는 항체(면역물질)의 주성분이기도 하다.

단백질의 기본 단위인 아미노산은 20여 종이 있다. 이 중 9종(히스티딘 · 이소루이신 · 루이신 · 라이신 · 메티오닌 · 페닐알라닌 · 트레오닌 · 트립토판 · 발린) 은 몸속에서 합성되지 않아 반드시 음식으로 섭취해야 하는 아미노산이다. 성인은 하루에 체중의 1000분의 1만큼 섭취하는 것이 적당하다.

하지만 성장기의 어린이에게는 더 많은 양이 필요하다. 중요한 것은 단백질의 1/3은 반드시 '양질의 단백질' 인 동물성 단백질을 먹어야 한다는 것이다.』

(4) 기타 무기물질

체내에 필요한 여러 기능을 수행하는데 필요한 것으로 무기질의 생리작용을 요약하면 다음과 같다.

① 골격, 치아를 만든다.
② 세포를 구성한다.
③ 체액의 중요 성분으로서 여러 가지 조절작용을 한다.

무기질은 칼슘과 인으로 구성한다.
우유, 양배추, 배추, 상치, 당근, 완두콩 등

위와 같이 운동량 정도에 따라 에너지 소모량이 다르므로 그 필요량에 따라 공급함이 원칙이다.
운동이나 노동 시 시간당 칼로리 소모량을 보면 아래와 같다.

① 가벼운 운동 또는 노동 (산책170, 볼링220, 집안청소200)
② 중간정도의 운동 또는 노동 (덴스270, 현상노동250)
③ 상당한 정도의 운동 또는 노동 (계단오르기320, 수영350, 목수360)
④ 심한정도의 운동 또는 노동 (줄넘기400, 조깅420, 농사일400)

위의 내용을 보아서도 알 수 있듯이 아무리 격렬한 운동이나 노동을 한다 하여도 섭취한 칼로리를 모두 다 소모하는 현상은 만들 수 없다. 특히 중요한 것은 노동이란 신체의 기능을 고루 사용하는 신체운동이 아니라는 것이다.

운동상식

『장이긴 동양사람, 장이 짧은 서양사람, 식사습관으로 인하여 일어나는 원인을 보면 "우리민족은 곡류와 채식으로 살던 황인종이다."

본래 황인종은 "장이 길기 때문에 섬유질이 많은 채소를 먹어야 섬유질 류(類)가 腸을 청소해주고 배변을 도와준다."

그리고 白人種은 황인종보다 장이 짧다. 肉類를 즐겨먹는 백인은 단백질과 지방을 분해 배설하는 과정에서 독소를 많이 배출하기 때문에 그 독소를 배출하려면 腸이 짧아야 이치에 맞는다.

이같이 비교하여 볼 때에 腸이 긴 우리가 분해, 배설과정에서 독소를 많이 배설하는 육류 및 가공식품을 다량 섭취하니 어떠한 현상이 초래되겠는가? 매우 고심하고 생각해보아야 할 문제이다. 』

긴 腸에 독소가 장기간 머물므로 그 독소가 각종 장기의 악영향을 주어서 만병의 원인이 되는 것이 자명한 일이지만 오늘도 우리는 육류로 미각을 높이고 있는 것이다.

결론이라면 간단하다. 자연을 역행하지 않고 자연의 순응하면서 순리대로 살면 되는 것이다.

제 5 장 신체훈련 방법론

1. 신체활동의 정의

생활환경과 정서면에서 많은 문제점이 제기되면서 체육의 필요성이 높아지고 있다. 개인은 개인적으로 건강한 삶의 욕구가 높아지고, 집단은 집단대로 협동심과 집단의 가치를 느끼게 하기 위하여 체육활동 즉 신체 강화운동에 대한 관심이 자발적이고 자연스럽게 증대되고 있다.

역사 속으로 거슬러 올라가 보면 인간의 신체활동은 역사와 함께 시작되어 생활의 한 부분으로 행하여졌다. 과거를 보면 하루 종일 노동을 하여도 삶을 영위하기가 힘이 들었지만, 그 행위도 시대의 변천으로 그 개념이 조금씩 다르게 변화되었다.

체육의 사전적 정의를 살펴보면

첫째 : 건강한 몸과 온전한 운동능력을 기르는 일, 또는 그것을 목적으로 하는 교육

둘째 : 학교교육에서 운동경기의 이론이나 실기를 가르치고 체력향상을 꾀하는 것. (덕육, 자육)

이라고 정의하고 있다.

체육은 영문표기로 Physical Education이다. 이에 대하여 보다 확실한 전문인들의 견해를 살펴보면 다음과 같다.

J. E Nixon은 '체육은 근육조직을 통하여 왕성한 활동을 일으켜주는 교육적인 면에서 이루어지는 학습과정' 이라 하였고,

J. R Shaman은 '체육이란 신체운동에 의한 교육이며 이에 의하여 개인의 행동형식이 이루어지는 것' 이라 하였고,

J. E Williams는 '체육은 개인의 건강을 관리하고 건강에 대한 지도를 하며 건강한 습관과 태도를 형성하려는 일련의 교육 곧 체육이란 신체활동을 통한 교육의 수단' 이라 하였다.

이와 같이 체육이란 신체활동을 통하여 이루어지는 전인교육으로서의 실천과학이고, 실행수업이며, 체험으로 배우는 학문교육임을 알 수 있다. 그러므로 체육의 가장 중요한 목적은 인간이 신체활동을 통하여 인격형성을 도모함에 있다.

이처럼 체육활동은 인간의 행동을 정화시켜 정서의 안정을 이루게 하고, 모든 일에 정열이 있고 현대사회에 봉사하고 넓은 포용력으로 닫혀진 마음을 열어 명랑한 삶 의식을 가질 수 있도록 하는것이다. 그러므로 신체활동은 어린이에서부터 노인에 이르기까지 사람의 성별, 장애인, 인종, 종교 등과 상관없이 신체적성의 수준향상과 건강증진을 실행하기 위한 프로그램이어야 하고 교육이어야 한다.

특히 각종 신체 운동을 시행자 모두가 신체적, 정신적, 사회적,도덕적, 문화적 발달에 기여하기 위한 목적으로 생활속의 널리 보급되기 위해서는 체계적이고 교육적이며 비영리적 관리가 이루어져야 할 것이다.

체력증진 내용을 구체적으로 열거하여 보면 다음과 같다.

체력(Fitness)은
1) 전체적 체력(Total Fitness)
2) 신체적 체력(Physical Fitness)
3) 정신적 체력(Mental Fitness)

등으로 구분된다.

1) 전체적 체력

주어진 환경 내에서 피동적으로 행하는 것이 아니라 효과적으로 삶을 영위하는 능력이며 인간이 가능할 수 있는 수준인 신체적성, 사회적성 등 성취도를 말한다.

2) 신체적 체력

개인적 속성이며 각 개인의 잠재력으로 표출할 수 있는 가장 효율적인 활동이다. 신체활동을 통해 획득되는 신체적 체력은 전체적 체력에 이르는 수단이지 목적 그 자체는 아니다.

3) 정신적 체력

인간의 목표는 지향적인 활동에서 잠재적이고 대체적이며, 지속적인 긍정적 자각상태를 말한다. 체육의 큰 의의는 개인의 전체적 건강과 체력을 향상시키며 국민체육을 증진시키는데 있다. 국민 개개인에게 건강한 신체에 건강한 정신이 깃들게 함으로써 개인체력, 국민체력 증진시켜 나갈 수 있고 사회전체의 건강으로 연결이 될 것이다.

'체력은 국력이다' 이것이 그 구호이다. 또 체육활동에서 얻을 수 있는 중요한 가치 중에 하나가 올바른 인격형성이다. 인격형성이란 성실, 책임감, 성숙도, 객관성, 정직성과 같은 바람직한 인격특성의 형성을 이룰 수 있고 성격의 형성까지도 유도한다.

성격은 사물과 사건에 대한 가치관으로부터 형성되는데 체육활동 참여는 개인의 성격형성에 영향을 미친다. 인간은 사고력이 있고, 이념전달이 가능하며, 무리를 지어 살려고 하는 습성이 있기 때문에 상호작용과 반작용의 성격을 형성한다. 성격은 행위를 표현하는데 체육활동은 성격을 발달시킬 수 있는 중요한 일면도 가지고 있다.

규칙과 기준을 지키며, 자기 역할을 충실히 수행하고, 상호 협조하는 체육활동이 인격형성을 이루는데 큰 역할을 한다. 태도변화를 보면 후천적으로 형성되는 것이고 일정한 대상이나 상황에 대한 마음가짐과 몸가짐을 의미한다.

체육활동은 인내심, 자신감, 협동심, 헌신, 봉사 등 태도를 기르는 가장 훌륭한 교육방법의 하나이다. 사회가 복잡하고 다양화 되어감에 따라 우리는 스트레스를 경험하며 산다. 이 스트레스가 때론 삶을 어렵고 힘들게 만든다고 생각한다. 지나치게 감당하기 어려운 스트레스는 정신적으로 해로우나 적절한 자극을 주는 스트레스는 오히려 성장을 위한 훌륭한 역할을 한다고 학자들은 말한다.

그러므로 우리는 스트레스를 괴롭고 극복하기 어려운 부정적인 것만으로 생각할 것이 아니라 이를 지혜롭게 극복하고자 하는 태도의 긍정적 변환이 필요하다. 체육활동은 그 자체가 피로를 초래함에도 불구하고 스트레스 해소에 가장 좋은 방법이다.

체육은 신체활동을 통해 바람직한 가치관과 성격, 인격을 형성하여 스트레스를 해소함으로써 정신건강에 일조할 것이다.

2. 운동이론

운동의 중요성은 모든 말을 쏟아 부어 표현을 한다 하여도 부족한 용어이다. 이 영역에는 운동의 시너지효과는 물론 운동으로써 신체가 얻는 이익도 많이 있고 더 나아가서는 운동으로 인하여 신체의 해가 되는 부분도 있음을 상기할 필요가 있다. 여기서는 운동으로 일어나는 여러 가지 현상을 살펴본다.

1) 운동의 효과

운동은 최대산소섭취량을 증대시켜 준다는 체력의 효과에 근거하여 스포츠과학으로 발달되어 왔다. 운동에 대한 효과로는 운동처방의 요소에서 언급을 하였던 트레이닝의 강도, 시간, 빈도에 대하여 연구되어 왔으며, 1970년대 중반 미국 대학 스포츠의학회(ACSM)에서는 운동처방이라는 용어를 처음 사용하게 되었다. 최근의 신체활동은 질병에 대한 감염을 예방해주고 혈압, 혈중 지질, 기타 만성질환에 대한 위험인자를 예방하여 준다는 차원에서 연구되고있다.

· 운동은 심리적으로 긍정적인 영향을 준다.
  - 자신감, 스트레스에 대한 저항력 증가, 만족감, 우울증 저하 등
· 운동은 생리적으로 긍정적인 영향을 준다.
  - 신체 체형의 긍정적인 변화
  - 내분비계의 긍정적인 변화
  - 에너지대사에서 긍정적인 변화
  - 근력계에서의 긍정적인 변화
  - 순환혈관계에서의 효과
  - 심폐지구력에서의 효과
  - 전신지구력에서의 효과
  - 생리적 노화의 지연
  - 각종 질병에 대한 면역력 및 지항력 향상

이러한 운동의 효과를 사세히 보면 운동은 우리의 행동체력과 방위체력의 향상을 가져오며, 생리적인 노화의 속도를 저하시키거나 방지하기도 하고, 각종질환에 대한 위험 요소를 제거하여 준다.

특히 현대병이나 성인병의 위험 요소를 제거하는 효과가 크며, 질병에 대한 저항력도 강화시킨다. 물론 운동을 함에 있어서 부상이나 사고의 위험이 있으나 이러한 부정적 효과는 운동을 바로 이해하고 수행할 때 최소화시킬 수 있는 요인이다. 하지만 운동부족으로 인하여 생기는 나쁜 효과는 우리에게 매우 큰 위험을 가져온다. 우리가 대충 알아왔던 운동의 효과는 매우 포괄적이며 다양하다. 이러한 운동의 효과는 크게 정신적(심리적) 측면의 효과와 생리적(신체적) 측면의 효과로 나누어 볼 수 있다.

정신적 측면의 효과는 스트레스에 대한 내분비와 저항력 향상,내분비계의 긍정적인 변화 등을 통하여 얻어지는 자신감, 피로저항력

의 향상, 건강에 대한 만족감, 몸의 가벼움, 초조함, 우울증 같은 부정적인 심리요인의 저하와 운동을 통하여 얻어지는 육체의 대한 만족감과 자신감 등 운동을 통하여 얻어지는 정신적인 효과들이다.

또한 생리적 측면에서의 운동효과는 많은 연구를 통하여 밝혀졌으며 지금도 계속적으로 연구의 결과가 발표되고 있다.

운동의 심혈관계에 대한 효과를 살펴보면 안정시의 심박수 감소, 최대심박수 증가, 심박출량 증가와 같은 심장에 대한 운동효과는 더 효율적으로 심장이 박동하도록 한다. 또한 운동은 심장의 모세혈관의 향상을 가져와 허혈성 심장질환을 예방하고 치료하는데 효과적이다. 그리고 규칙적인 운동이 혈압을 저하시키는 것은 많은 연구자들에 의하여 밝혀졌다.

그러므로 운동은 혈관의 탄력성과 신축성을 증가시키고 안정시 혈압을 낮춰 혈압으로 인하여 발생하는 고혈압이나 심장기능 이상으로 발생하는 질환인 심장 및 혈관과 연관되어 있는 각종 질환 등을 예방하고 치료하는데 운동이 이용되고 있다.

심혈관계에 미치는 운동의 영향을 보면 표와 같다.

〈표12〉 신체 운동이 심혈관계에 미치는 영향

운동으로 영향을 받는 인자들	
· 관상동맥에 추가되는 보조혈관의 생성증가	· 혈청지질 농도 감소
· 혈관의 크기 증가	· 당분에 대한 내성능력 저하의 감소
· 심근의 효율성 향상	· 비만 · 지방과다의 저하
· 말초혈액량과 환류의 효율성 향상	· 혈소판 점착성 감소
· 전해질 운반 능력 증가	· 동맥혈압 감소
· 적혈구 양과 전체 혈액량 증가	· 안정시 심박수 감소
· 갑상선기능 향상	· 부정맥 발생비율 감소
· 성장호르몬 생산력 향상	· 신경호르몬 항진 감소
· 스트레스에 대한 내성증가	· 정신적인 스트레스에 의한 긴장감 감소

지금까지 논의된 운동학습과 반복훈련의 기본원리가 아닌 운동신경기능의 발달과정에 대하여 관찰해 보면 운동기능은 연습을 통해서만 향상시킬 수 있음을 알 수 있다. 일정한 목표를 향하여 연습을 반복하게 되면 기능의 향상으로 성공률의 증대를 가져올 수 있

으며, 연습자가 반복연습을 통하여 그 기능이 점차 정확성과 민첩성이 발달되고 세련되어진다. 누구나 연습(반복훈련)을 계속하면 운동기능이 향상되지만 체력, 소질, 운동종목, 연습방법 등에 따라 개인차가 있으며 개인차는 여러 가지 유형으로 나타난다.

이러한 유형 등을 그래프로 나타낸 것이 연습곡선(Practice curve)이라고 한다. 반대의 논리를 펴면 체력손실이 있다. 그러나 최상의 효과를 얻기 위해서는 아래 그림과 같을 때 최상의 효과를 얻을 수 있다.

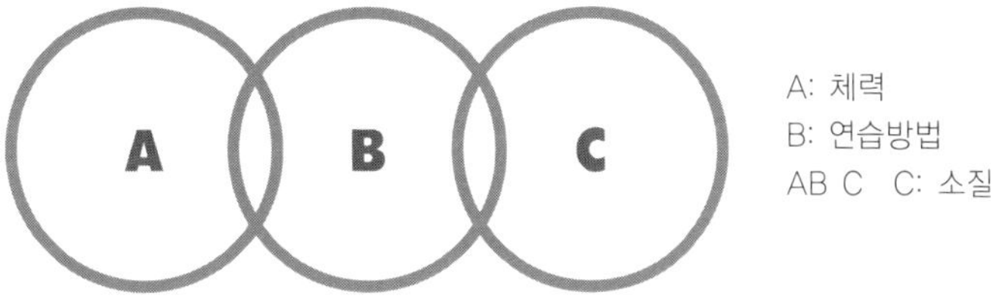

연습방법이 중심이 되어 체력과 소질이 조화를 이룰 때 최대의 효과를 얻을 수 있다.

연습곡선의 유형은 다음과 같이 여러 가지 유형으로 나눌 수 있다. 연습초기에는 매우 큰 의욕을 가지고 있기 때문에 직선적인 향상을 하는 경우가 있지만 모두 그런 것은 아니다.

A: 체력, B: 연습방법, C: 소질

①

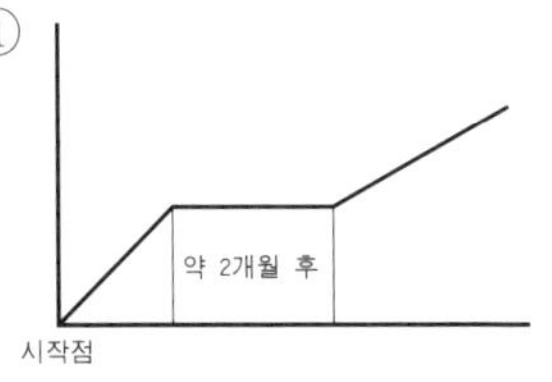

원인 : 처음에는 A,B,C가 조화를 이루어 상승곡선을 그리다가 A, B, C 모든 조건이 맞지 않았다가 두 가지가 조화를 이룰 때

②

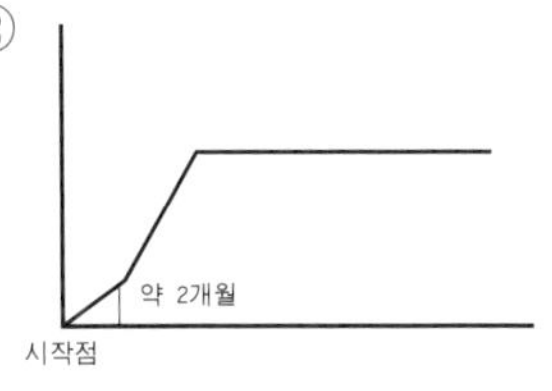

원인 : 시작부터 문제점이 있게 출발하였다가 A.B.C가 조화를 이루었지만 또 다시 서로 맞지 않아 다시 정체되는 현상

③

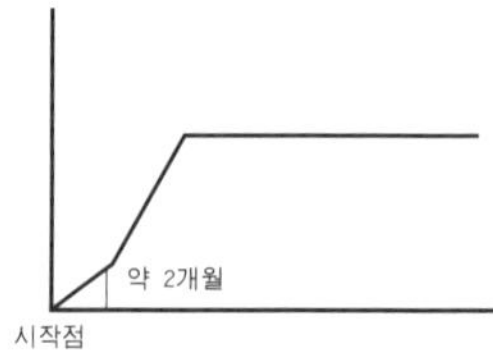

원인 : 처음에는 A,B,C 가 조화를 이루다가 훈련의 문제로 정체된 현상으로 가장 위험하고 흔한 훈련의 모형

④

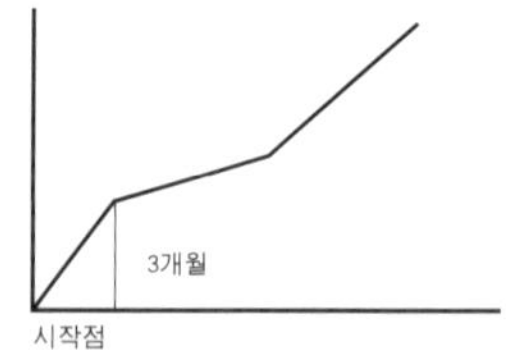

원인 : 처음에는 A,B,C가 조화를 이루다가 어느 것 한 두 가지가 마비되지만 반복 훈련 결과로 3가지가 조화를 이루는 최상의 현상

연습곡선에서 기능이나 기술이 향상되지 않고 정체현상을 일으키는 것을 고원현상(Plateau)이라고 하며, 이 현상은 일반적으로 연습과정의 초기단계에서 나타난다.

고원현상은 기술이 일정한 수준에 도달하면 그 현상이 잠시 머무는 상태를 말한다. 그러나 나쁜 습관이 들어서 능력 향상을 저해하거나 흥미를 감소시켜 연습에 집중하지 못할 때에도 발생한다. 이러한 현상이 일어나더라도 반복훈련을 중단하지 말고 새로운 방법 즉, 과학적인 연습방법을 찾아서 지속적인 연습을 하면 해소될 수 있다.

고원현상은 연습의 효과가 정체되는 것을 말하지만 슬럼프(Slump)는 연습효과가 퇴보하는 현상을 말한다.

고원현상이나 슬럼프 때에는 환경, 신체적, 지도자의 조건, 잘못된 습관 중 어느 한 가지에 결점이 있는 것이며, 슬럼프는 환경, 신체적, 지도자의 조건이 잘 맞더라도 체력, 연습 방법, 소질 중 어느 것 하나라도 결점이 있을 때에도 발생하게 된다. 이때에는 지도자가 수련생의 동작을 보고 어떤 것에 결점이 있는지 파악하여 교정하거나 유형을 바꾸도록 유도 또는 지도하여야 한다. 일반적으로 충분한 휴식을 취하고 기분전환을 하여 머릿속에 자리 잡은 고민을 잊어버리도록 해야 한다. 다른 방법은 시일을 두고 잘못된 연습방법을 잊게 하는 것도 있다. 거의 대다수의 수련생이 이 같은 심리적인 현상으로 인하여 어느 한 가지는 결점이 되어 연습을 방해하는 현상이 눈에 띈다.

우리의 신체는 운동을 할 때나 마칠 때에 성공감, 만족감, 희열, 즐거움 등을 느끼게 된다. 그러므로 운동에 대한 욕구가 충족되어 성취감을 가질 수 있을 때에 운동에 대하여 애착과 흥미를 가질 수 있게 하므로 수련자에게 자발적인 참여의식을 심어 주도록 함이 최상의 방법이다.

한편 수련활동은 정서와 큰 관계가 있는데 정서란 생활환경으로부터 받는 자극이나 심리적 욕구에서 비롯되는 행동의 원천으로 괴로운 일, 슬픈 일, 두려움, 등과 같은 감정을 말한다. 정서의 표현에는 긍정적인 것과 부정적인 것이 있는데 의욕이나 성취감 등의 긍정적 정서는 체육활동을 적극적으로 수행하도록 촉진시켜 주지만 초조감, 불안감, 좌절감 등과 같은 부정적 정서는 수련활동에 역효과를 가져올 수 있다.

연구에 의하면 통제나 무관심 집단보다 칭찬받는 집단이 좋은결과를 낸다. 그러나 지나친 칭찬은 연습의 게으름을 가져오므로 역효과가 난다고 발표하고 있다.

인간은 누구나 고워혀상이나 슬럼프의 빠져서 운동에 자신을 잃고 멀리하기도 한다. 그러나 무예수련이나 명상 또는 단전호흡 등으로 정신수양을 쌓아 징서석 안정을 가져오면 슬럼프에 빠질 때에도 빠르게 벗어날 수 있고, 현 상태를 유지하기에도 좋아 활기찬 수련을 할 수 있다.

2) 운동부족병

운동부족병(hypokinetic disease)은 신체운동부족이 원인으로 작용한 일종의 질환이다. 이 개념은 1961년 순환기 내과 의사인 Wilhelm Rabb와 정형외과 의사인 Hans Kraus가 처음 사용한 용어이다.

이들은 비신체활동에 따른 신체적, 정신적인 장애를 운동부족병이라고 총칭했다. 그리고 우리나라에서는 1980년대부터 사용되었고, 이 질병으로 심혈관계의 이상인 고혈압성 질환, 허혈성 질환,

뇌혈관 질환, 심근경색, 동맥경화와 대사성 이상인 당뇨병, 비만, 근력계의 이상인 요통, 어깨 결림 등이 유발될 때가 많다. 고혈압의 원인으로는 염분의 과다섭취, 정신적 스트레스, 유전적인 원인 등과 관계가 있다는 것도 잘 알려져 있으며 운동이 부족하면 교감신경의 긴장이 증가하여 혈류 저항이 증가하고 이것은 혈압을 상승시키는 요인이 된다. 그렇지만 운동을 하면 교감신경이 이완되고 혈류 저항이 증가하고 이것은 혈압을 내리는 작용을 한다.

운동부족은 요통을 발생시키는데 현대사회에서는 직장인이나 심지어 청소년에게도 요통 증상이 많이 발생하고 있다. 이러한 상태에서도 운동을 하면 척추를 받쳐주는 척추 기립근을 강화시키고 골조직의 고른 발달을 촉진시켜서 이러한 요통을 예방할 수 있다. 이외에도 운동부족은 순환계의 기능저하와 골대사, 근육계, 내분비계와 생체 조절능력의 저하를 초래한다. 순환계 기능저하의 생리적 현상으로는 안정시와 운동시의 심박수 증대, 심장의 용량과 1회 박출량의 감소, 최대산소섭취량의 감소, 혈장량과 전체 혈액량의 감소, 조혈기능의 저하와 적혈구의 감소 등을 들 수 있으며, 골대사의 저하로는 칼슘의 배설량 증가와 골밀도의 감소, 골의 약화로 인한 골절 가능성의 증가 등이 나타날 수 있고, 근육의 위축과 근육의 지방화 등의 생리적으로 부정적인 변화를 유발하게 된다.

특히 현대인의 생활양식은 이러한 운동 부족으로 인하여 기초체력의 저하, 스트레스에 대한 저항력의 감소, 면역력의 감소, 체형의 변화, 비만을 포함한 많은 질병에 노출되어 있기 때문에 더 건강하고 행복한 삶을 살아가기 위하여 운동의 필요성은 더욱 중요하다 하겠다.

3) 운동방법

운동은 그냥하기만 하면 무조건 좋다는 말을 한다. 그러나 이 말은 매우 위험을 동반하는 잘못된 사고이다. 예를 들어 운동을 전혀 하지 않던 중년의 비만증여성이 에어로빅운동을 장시간 무리하게 했다고 한다면 '근 피로와 골절 또는 근 파열과 같은 근 손상, 심지

어는 운동을 전혀 할 수 없을 정도의 상해를 입을 수 있다. 그렇지만 전문가인 체육지도자의 지도아래 체계적으로 운동을 시작한다면 이러한 폐단을 없앨 수 있을 것이고, 긍정적인 신체의 외적 · 내적 향상을 가져올 것이다.

처음부터 사전지식에 충실하고 또 적당하고 지속적인 운동은 모든 사람에게 건강과 복된 삶을 영위하게 하여주는 것이 운동이다. 이러한 건강을 누리기 위한 운동은 유산소성 운동, 무산소성 운동, 그리고 이 두 가지의 운동형태를 혼합한 운농방법이 있다. 유산소성 운동과 무산소성 운동의 혼합형태의 운동은 실질적인 구기종목이나 무예수련 등이 이 영역에 속한다.

예를 들어 무예수련의 단전호흡을 보면, 유산소성운동(aerobic-exercise)을 수행하지만 본 운동인 단전호흡 수련에서는 무산소성 운동(anaerobic exercise)에 속한다. 또 혼합형 운동으로는 축구, 배구, 농구, 아이스하키, 인터벌트레이닝 등이 있으며, 심폐지구력과 심혈관계에 효과적인 유산소 운동은 보행, 조깅, 수영, 등산, 자전거타기 등과 같은 운동이 포함되고, 100m 달리기, 점프, 근력트레이닝과 같은 운동은 무산소싱운동으로 분류되고 있다. 이러한 분류는 일반적인 분류형태이다.

(1) 유산소 운동

유산소 운동(aerobic exercise)은 일반적으로 건강증진을 위한 운동으로 권장하는데 그 이유를 보면 다음과 같다.

첫째 : 운동 시 호흡, 순환기능을 일정수준으로 유지할 수 있어서 산소의 수요와 공급이 원활하게 균형을 이룰 수 있고, 체내의 생리적 조건들이 평형상태를 유지한 상태에서 지속적으로 할 수 있는 운동이며, 이러한 형태의 운동을 항정상태의 운동(steady stateexercise)이라고 한다. 이러한 운동시 소비되는 에너지원은 산소를 필요로 하는 대사과정을 통하여 체내에 공급됨으로 항정상태 운동을 유산소 운동이라고 한다. 이런 상태의 운동은 신체에 그다지 큰 부하를 주지 않고 원활하게 지속적으로 할 수 있는 운동을

말한다.

둘째 : 유산소 운동을 지속적으로 실시하면 최대 산소섭취량과 무산소성 작업역치(anaerobic threshold, AT: 에너지대사가 유산소대사에서 무산소대사로 전환되는 시점으로 장거리 달리기 선수들의 속도를 평가하여 경기력을 예측할 수 있음)가 높아져 유산소 능력이 개선된다. 유산소 능력의 향상은 전신지구력 향상과 연결되며 호흡, 순환, 근육의 기능향상과도 연결되어 복합적으로 나타난다. 이러한 효과들 외에도 유산소성 에너지인 지방을 산화시킴으로서 지방의 소비가 많아지고 우리 몸의 기초 대사량을 증가시켜 안정 시 에너지 소비율을 좋게 만들어 준다. 또한 무산소 운동에 비하여 심장에 과도한 부담을 주지 않으며 운동상해를 입을 확률이 낮아지므로 안정성이 매우 높은 운동으로 인정받고 있다. 그리고 유산소 운동은 여러 가지 질병이나 위험요인들에 대하여 효과를 나타낸 성인병과 같은 질환을 예방하는데도 효과가 있다.

이 같은 설명을 볼 때에 유산소 운동은 우리의 일상생활 그 자체이고 신체활동임을 알 수 있다.

① 좋은 운동

좋은 운동을 구별할 수 있는 방법은 개개인의 특성을 고려하여야 하는 것이지만 성인을 대상으로 하는 유산소 운동의 기본 목표는 심폐 순환기능의 유지 및 향상에 있으므로 운동형태는 대근군(large muscle groups)을 사용하는 운동 형태가 바람직하다.

특히 운동 초기 단계에는 운동의 강도를 주의 깊게 관찰해야 하므로 가급적 운동강도가 심하게 변하지 않는 운동이 매우 좋다. (걷기, 등산, 달리기, 수영, 자전거타기, 스키, 에어로빅댄스, 하이킹, 롤러스케이팅 등)이 이러한 형태에 속한다.

걷기, 자전거타기, 달리기, 수영 등의 운동을 통하여 최대 산소섭취량이 5~20% 정도 증가하였다는 연구 결과가 보고되었다. 그 증가 정도는 참가자의 연령, 건강상태, 체력수준에 따라 차이가 있다. 그러나 6~12개월 정도의 유산소 운동을 한 결과로 좌업(앉아서 하는 작업) 작업자는 최대 산소 섭취량이 약40%까지 증가한다고 발표되었다. 또한 운동형태 선택시 고려해야 할 점은 참가자가 지속적으로 흥미를 갖고 운동을 할 수 있는 형태를 선택하여야 한다. 흥미와 즐거움이 없다면 규칙적이고 지속적인 운동은 불가능하기 때문이다.

② 운동의 효과 정도

운동 프로그램을 작성한다는 것은 여러 가지를 고려하여야 하는데 특히 유산소 운동의 프로그램은 강약의 차이가 적당하여야 하기 때문에 적당한 운동강도로 정하여야 한다. 그러나 너무 약한 강도의 프로그램이 아닌 심폐지구력의 유지 및 향상을 위해 어느정도의 자극을 가할 수 있어야 한다. 즉 운동강도가 약하면 효과를 볼 수 없고, 너무 강하면 신체의 상해 위험이 있으므로, 적절한 운동강도로 시작하는 것이 좋다. 그리고 운동의 시간도 일정한 시간을 지속해야지만 참된 효과를 얻을 수 있다.

일반적으로 운동 프로그램에 참가하는 모든 사람들이 짧은 시간에 너무나 많은 것을 얻으려는 욕심이 있어 자칫하면 피해를 볼 수도 있다. 심폐 지구력 향상을 위한 운동강도는 개인의 최대 운동능력의 40~85% 범위 내에서 처방한다. 건강한 성인의 운동강도는 일반적 운동 능력의 60~80% 범위 내에서 결정한다.

개인 최대 운동 능력의 40~85%는 본인의 운동 능력을 최대한 발휘한 능력의 범위이고, 일반적 운동 능력은 다른 사람의 최대운동 능력의 평균치를 말하는데 이 운동강도는 매우 높은 수치이다. 그러므로 최대 운동 능력이 낮고 운동을 처음 시작하는 사람들에게는 개인 최대 운동 능력의 40~60%에서 운동을 시작하는 것이 바람직하다.

운동강도의 설정 방법은 최대 산소 섭취량의 백분율(%VO2max) 심박수, 운동 자각도(RPE) 등을 고려하여 이용하는 방법과 체육적 효과를 충분히 고려한 방법 등이 있다.

③ 최대 산소 섭취량(VO2 max),

· 전문용어(Terminology)
유산소성 파워(Aerobic power)
최대 산소 섭취량(Maximum Oxygen Intake)
회귀직선(Regression Line)

생리학자들의 연구를 보면 "신체적성(체력:Physical fitness)이란 특별한 책무로 인해 부여된 스트레스에 대한 적절한 생리학적 적응을 하도록 해주는 능력을 의미한다." 고 밝히고 있다. 대부분의 사람들은 대개 일상생활의 책무(task)에 관심을 가진다. 연구성과에 따르면 끊임없이 활동을 유지하기 위해 산소를 여러 조직으로 전달하는 능력에 의해 반영되는 것처럼 보이는 훌륭한 심장기능혈관은 인체에서 가장 중요한 생리학적 요인 중에 하나로 지적하고 있다. 운동에 대한 전체 심장혈관 반응을 측정하는 가장 훌륭하면서도 유일한 방법이라고 생각되는 테스트가 바로 최대산소섭취량 테스트(Maximum Oxygen intake test)이다.

이 테스트는 혈액에 흡수되어 세포로 전달되는 최대산소를 측정하는 것이다. (이것을 최대 유산소성 파워라고도 한다.)

이것은 매우 정밀한 신체적 적응을 측정하는데 요구되는 연구에 이용된다. 그러나 최대산소섭취량 테스트는 대단위 집단에는 실용적이지 못하다. 따라서 상당한 정도의 정확성을 가지고 최대한의 운동 및 그 수준의 운동을 하는 동안에 심박수 측정에 이용함으로써 순수 최대산소 섭취량 평가(estimation)를 고려하는 다른 기술들이 개발되어 왔다.

〈표13〉 산소 섭취, 심박수, 작업률 사이의 관계

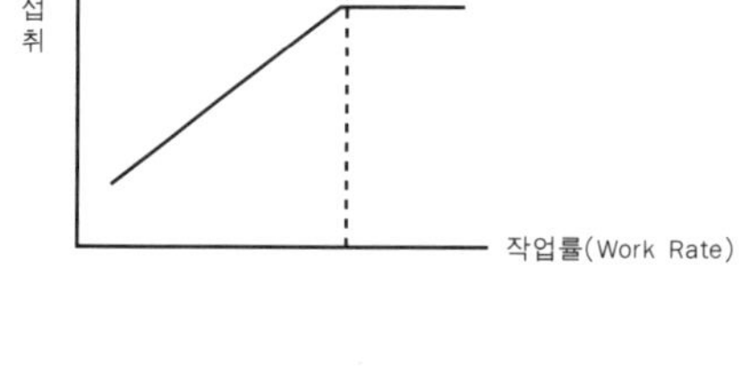

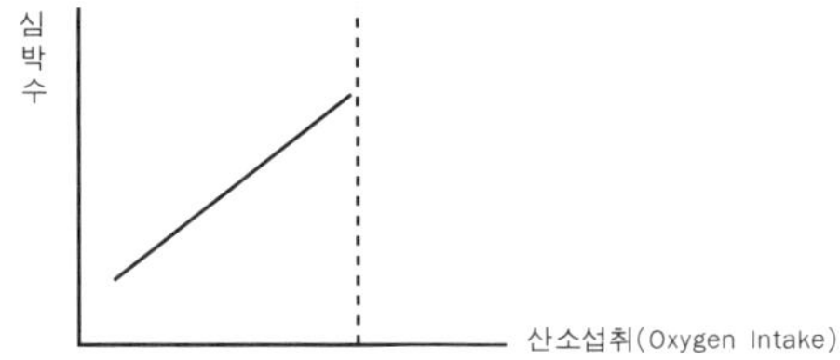

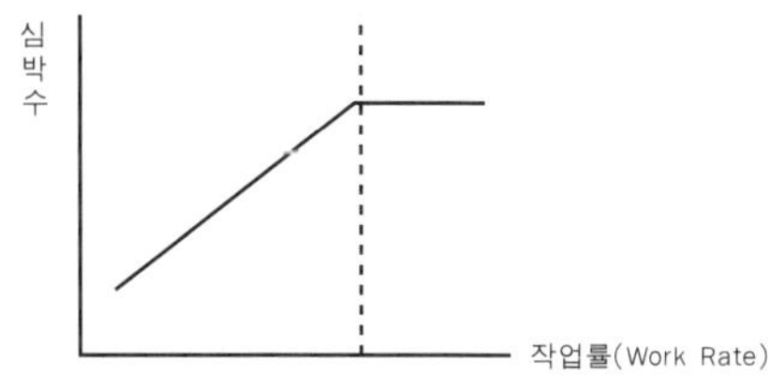

다양한 이들 관계로 주어진 작업률에 반응하는 심박수에시 최대 산소 섭취량을 측정할 수 있다. 수직선이 꺽어져 평행을 이루는 것은 최대 상태의 도달을 보여준다(정체기)

이러한 모든 테스트의 기저를 이루는 근거는 심박수, 작업률, 그리고 산소 소비량 사이에 존재하는 관계들이다.

〈표13〉에서 이러한 관계를 도표로 나타내고 있으며 다음 단락에서 계속 설명되고 있다.

㉠ 운동율과 산소소비랑을 보면 운동량이 증가하면 산소 소비량도 상대적으로 증가한다. 결국 최대산소 소비율에 도달되어 고원현상(Plateau)이 형성된다.

〈표13〉에서 작업율과 산소섭취량사이에 관계를 보여주는 그래프을 보아 알 수 있듯이 작업 산출량은 증가하더라도 더 이상 산소는 세포들에 공급되지 않기 때문이다.

즉, 최대 유산소성 파워를 넘어선 것이다. 이러한 상태에서 보다 높은 작업부하의 요구를 충족시키는 부가적 에너지는 무산소성 해당작업(anaerobic glycolysis)을 통하여 공급되기는 하지만 거의 예외적이다.

㉡ 심박수와 산소 소비량을 보면 작업율이 증가하는데 대한 심박수에 반영되는 심장반응은 산소 소비량(소요량)에 대한 신체의 반응과 비슷하나 최대산소섭취량과 최대 심박수는 대략 같은 시간에 도달하게 된다는 사실에 주목하여야 한다.

그래프상 기울기가 작업율이 증가하는데 따른 산소 섭취량의 변화와 작업율이 증가하는데 따른 심박수의 변화 사이의 관계를 보여주고 있다는 사실을 알아야 한다.

최대 심박수는 어떤 다른 요인보다도 나이에 더 밀접하게 관계된다. 그러나 주어진 집단 안에서도 상당한 변화가 있을 수 있다.

〈표14〉 훈련의 효과는 산소 소모와 심박수 사이의 관계

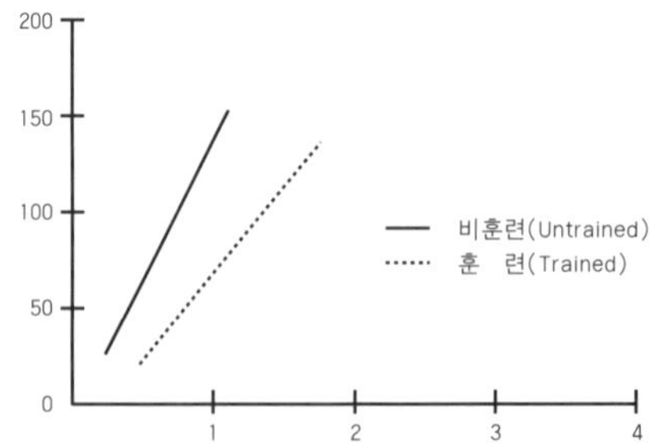

(쉬운 방법으로 계산하면 : 최대 심박수 = 220 - 연령)

자전거 타기의 효율이 능숙하게 자전거를 타는 모든 사람들이 정확할 만큼 같다는 사실은 흥미로운 일이다. 즉 주어진 작업률로 자전거를 탈 때 모든 사람이 거의 똑같은 산소량(liters/min)을 소비한다는 것이다.

건강한 사람은 훈련받지 않는 사람처럼 낮은 심박수로 똑같은 양의 산소를 사용할 수 있다.

따라서 〈표14〉에서 보여 주듯이 산소 소비량과 심박수 사이의 관계를 보여주는 회귀선(regession line)은 기울기에 변한다.

그러므로 주어진 작업량에 대한 반응은 회귀선을 결정하는데 이용된다.

(2) 무산소 운동

무산소 운동(anaerobic exercise)은 대부분 운동강도가 비교적 강해서 안정성의 저하가 있지만 무조건 해로운 운동이라고 할 수는 없다. 무산소 운동의 긍정적인 효과 중 하나는 무산소 능력을 높여준다는 것이다. 무산소 능력이란 무산소 에너지를 발생시키는 능력을 말하는 것으로 이 능력이 좋아지면 전신 운동시 힘이 넘치게되는 것이다. 즉, 단시간에 폭발적으로 다량의 에너지를 낼 수 있으며 운동시 요구되는 파워(power)의 강도를 높이고 이로 인해 무거운 중량이나 순간적으로 강력한 힘을 얻을 수 있게 된다. 또한 무산소 능력이 높은 사람은 젖산내성이 높아지는데 이것은 혈액속에 피로물질인 젖산에 대해 신체가 극복할 수 있는 능력으로 높은 혈중 젖산 농도에도 신체를 지탱할 수 있게 해준다.

근력 강화를 목적으로 할 경우에는 근력 강화 중량 운동을 하게 되는데 이러한 운동 또는 무산소 운동으로 간주된다. 하지만 이러힌 무산소 운동은 호흡, 순환계에 대해서는 유산소 운동만큼의 효과를 기대할 수 없다.

특히 고령자나 운동에 익숙하지 않은 사람은 각별한 주의가 필요하고, 지도자의 지도를 받으면서 하는 것이 안전하다. 이러한 유산소 운동과 무산소 운동은 우리가 기대하는 운동효과에 따라 달라질 수 있지만 일반적으로 일상생활의 주체가 되는 운동은 유산소 운동으로 하고 보조적으로 무산소 운동을 병행 하는 것이 좋다. 또한 일반적인 운동은 유산소와 무산소가 병행되어 실시되는데, 골프의 스윙과 같은 일시적 파워를 필요로 하는 동작에서는 무산소성 운동이, 퍼팅과 걸어가는 동작은 유산소성 운동이 되는 것과 같은 이론이다.

4) 운동시 주의사항

운동에는 항상 위험이 따른다. 그러므로 운동을 하는 사람이나 지도하는 사람은 운동의 위험 인자들을 인지하고 자신에게 맞는 운동과 강도, 운동시간과 환경을 고려하고 각종위험 요소를 최소화하기 위한 운동지식을 사전에 습득하고 실시하는 것이 필요하다.

그러므로 간략하게나마 운동 시 필요한 기본적인 주의 사항과 상식을 살펴보면 다음과 같다.

(1) 운동 전

운동을 하기 위해서는 나 자신의 능력을 파악하는 것이 매우 중요하다. 그리고 나의 건강상태도 파악하여야 한다. 그 밖의 감기 증상이나 설사, 피로, 숙취, 극도의 긴장과 신체적 이상이 있을 경우에는 그 날의 운동을 중지하거나 운동의 강도를 낮추어서 가벼운 운동으로 대처하는 것이 중요하다.

우리나라는 사계절이 있어 날씨의 변화로 인하여 운동 상해가 많이 발생하는데, 추운 겨울에는 준비운동 시간을 늘려서 충분히 몸을 준비시킨 다음에 본 운동을 하는 것이 좋으며, 특히 고혈압환자는 혈압에 주의하여야 한다.

그리고 처음에는 옷을 두텁게 입고 운동을 시작하였다면 체온상승에 따라 하나씩 벗는 것이 좋다. 그리고 여름과 같은 더운 날씨에는 쉽게 체온이 상승해서 신체의 체온조절 기능이 한계에 달하면 열사병을 일으키게 된다. 그러므로 덥거나 불쾌지수가 80이상인 날씨에서는 지구성 운동은 가능한 피하는 것이 좋다.

그리고 식후에 바로 운동을 삼가야 하며 가벼운 운동일 경우에는 식후 1시간, 강한 경우에는 식후 2시간이 경과한 후에 실시하는 것이 좋다. 그리고 이 운동 시간의 기준이 되는 음식은 일반적이고 정상적인 기준을 말하는 것이고, 과식을 했을 경우에는 더 많은 시간이 필요하다.

(2) 운동 중

운동 중에 가장 중요한 것은 자신의 리듬을 지키는 것이다. 자신의 리듬을 지킨다는 것은 평소에 운동을 하지 않던 사람아 갑자기 운동을 시작하면 분명히 운동상해가 발생하므로 자기 능력 안에서 적당히 운동을 하는 것을 말한다. 오버 페이스를 하다보면 몇분이 지나지 않아 고통을 호소하는 일이 종종 일어난다. 이러한 고통은 복통, 가슴의 흉통, 다리의 통증 등으로 나타날 수 있는데, 이 경우에는 운동을 중지하고 휴식을 취한 후 다시 운동을 하면 이전보다 가벼운 강도의 운동을 하여야 한다.

그러나 유의할 점은 몸으로 느끼는 현상보다 운동 후에 나타나는 몸 전체의 이상유무가 더욱 중요하다. 신체적으로 나타나는 현상은 운동을 지속적으로 하면 이러한 일시적인 고통은 사라지게 된다. 하지만 이러한 고통이 운동강도를 낮추어도 계속되면 신체의 이상으로 보아서, 의학검사나 운동부하 검사를 통하여 그 원인을 찾아야 한다. 우리 몸은 항상성의 원리에 의하여 항상 이상현상에 대해 반응한다. 그러므로 나의 운동능력의 한계와 리듬을 찾아야 한다.

(3) 운동 후

운동 후 에는 앞에서도 언급하였듯이 상승하였던 혈액의 온도를 아주 서서히 내리도록 마무리 운동이 필요하고 앉거나 눕거나 음식을 먹는 행위는 금물이다. 그리고 운동 후 샤워나 목욕은 매우 중요하다. 하지만 갑작스럽게 냉수나 뜨거운 물은 피하는 것이 좋다. 그리고 운동이 강하였다면 잠시 휴식 후에 실시하는 것이 중요하다. 샤워를 하면 피부혈관이 더욱 확장하여서 혈압이 내려가 반대의 상황이 발생한다. 운동으로 인하여 피부혈관이 확장되어 있는 상태에서 냉수욕을 하면 급격히 혈관수축이 일어나 혈압이 일시적 급상승을 가져오고, 이로 인해 심장의 부담이 커지게 되며 너무 뜨거운 물로 샤워를 하면 돌발적 상황이 일어날 가능성이 많다. 목욕은 40℃ 이하의 온욕을 20~30분 정도이면 좋다. 그리고 운동 직후에는 내장관계의 혈류량이 작아져있기 때문에 운동 직후 바로 식사 하는 것은 위장에 큰 부담으로 작용하므로 운동강도에 따라 따르겠지만 30분 정도 휴식한 후가 적당하다.

5) 운동순시

우리의 몸은 안정상태에서 운동을 하게 되면 운동 시에 생리적 요구를 충족시켜 주기 위하여 급격하게 변화한다. 이러한 변화가 운동을 시작하였다 해도 순간적으로 바뀌는 것이 아니므로 운동시작 후 변화를 위한 몇 분간의 관찰이 필요하다. 이러한 생리적 변화를 원활하게 하기 위한 일반적인 운동방법으로 준비운동, 본 운동, 정리운동 순서로 하는 것이 좋다.

준비운동(Warming up)이란 실제 운동 전에 하는 것으로, 우리 몸이 운동으로 인해 급격하게 변화하는데 이에 점진적으로 적응하도록 하는 과정이다. 따라서 준비운동을 하면 각 기관계의 적응성이 향상되어 안정시 운동으로 인한 생리적 기능의 원활한 변화가 가능하게 되어 능률적으로 운동을 할 수 있게 도와준다. 이러한 준비 운동은 에너지대사를 운동의 필요한 대사로 변화시키고, 체온상승, 호흡 순환계의 변화, 유연성의 증가 등과 같은 본 운동의 예비적 기능을 준비하게 한다. 준비운동시간은 10~20분 정도로 몸에서 땀이 날 만큼 하는 것이 좋다. 이러한 준비운동을 실시한 후에 본 운동을 실시하며, 본 운동 시에는 특별히 부상에 주의하여 자신의 생체 리듬을 유지하면서 실시해야 한다.

정리운동(cooling down)은 운동으로 인하여 변화된 생리적 반응을 안정시로 회복하도록 촉진하는 역할과 피로회복을 촉진하는 역할을 한다. 이러한 정리운동으로 인하여 혈액 변인들 '젖산, 호르몬, 효소 에너지원' 의 안정시 회복과 신체 각 부분들의 회복을 촉진하며, 특히 스트레칭을 하면 신체의 유연성 향상을 도와주게 된다. 정리운동의 효능을 보면 실시하는 것이 실시하지 않을 때 보다 인체의 회복률이 좋게 나타나는 것이 많은 연구에서 입증되고 있다.

6) 운동 과다증

운동을 무조건 많이 해서 나타나는 과도한 운동(over exercising)이나 신체의 과도한 사용으로 인해 발생하는 운동과다증(hyperkinetic disease)은 만성적인 피로, 근육통의 지속, 수면장애, 안정시 심박수의 상승과 같은 부작용을 초래한다. 또한 성장기에 있는 청소년에게 이러한 운동과다증은 골과 관절의 발달 저해와 상해를 일으킬 수 있으며, 여성에게는 여성호르몬의 불균형현상으로 인하여 무월경이나 불임증이 발생할 수도 있다. 운동생리학자들은 여러 가지 생리적 변인들 '백혈구수 변화, 젖산농도의 변화, 효소농도의 변화, 호르몬의 변화 등을 통해서 신체의 상태를 파악하지만 이러한 것은 일반인이 쉽게 접하고 이해할 수 있는 것이 아니어서 이용하기가 불가능하다. 그러므로 일반인은 과도한 운동을 방지하기 위해서 쉽게 알 수 있는 맥박수의 변화, 체중의 변화, 수면, 피로와 같은 것을 통해서 자신의 변화를 조절한다면 운동과다증을 예방할 수 있다.

7) 운동의 지속시간

운동의 종목별 또는 개개인의 능력별 운동지속시간은 얼마가 좋은가? 는 매우 중요한 부분이다. 즉, 일회 운동시간을 얼마 동안 할 것인가를 말하는 것인데, 이것은 전적으로 운동 강도와 관련이 있다. 운동 시간과 운동 강도는 역 상관관계로 운동 강도가 높으면 높을수록 지속할 수 있는 시간이 짧아지게 된다.

일반적으로 준비운동과 정리운동을 제외한 주 운동 시간은 15~60분 정도가 1회 운동 시간으로 적당하다.

미국스포츠의학회는 운동 시간과 운동 강도를 연관시켜 초기 운동 강도를 선택함에 있어 운동 시간을 20~30분 정도 지속할 수 있는 운동 강도와 운동 시간을 추천하고 있다.

정상적인 성인의 경우 최대 운동 능력의 40~60% 정도의 운동 강도이면 이 정도의 시간 동안 운동을 지속할 수 있다. 최대 운동 능력이 높은 사람은 보다 높은 운동 강도에서 장시간 동안 운동을 할 수있다.

운동의 효과면에서 볼 때 최대 운동 능력의 90% 이상의 높은 운동 강도에서 5~10분 동안의 짧은 운동 시간에는 심폐 순환 기능의 향상을 가져올 수 있다. 그러나 운동선수가 아닌 일반인은 높은 운동 강도에서 짧은 시간동안 운동하는 것 보다는 낮은 운동 강도에서보다 긴 시간 동안 운동하는 것이 좋다.

즉 10분 동안 90%의 최대 운동 능력의 강도로 운동을 실시하는 것 보다는 50분 동안 60%의 운동 능력 강도로 운동을 하는 것이 바람직하다. 60%의 낮은 운동 강도에서의 장시간 동안의 운동은 운동 상해의 위험이 낮고 상대적으로 총 열량 소비량이 높기 때문에 운동의 효과면에서는 매우 바람직한 것이다.

〈표15〉 100kcal를 소비하기 위한 운동량 조건표

여자		남자
24분	배드민턴	19분
15분	줄 넘 기	12분
15분	수영	12분
20분	테 니 스	16분
40분	하 이 킹	32분
40분	자 전 거	32분
36분	걷기	29분
20분	조깅	16분

운동 프로그램을 계속 실시할 때 특별히 위험한 반응 없이 운동

효과가 얻어진다면 약 2주 후부터는 운동 시간을 종전 25~40분이던 것을 45분까지 늘려나가야 한다. 적절한 운동 강도와 운동시간의 선택은 운동처방의 핵심부분이라 해도 지나친 말이 아니다.그러므로 운동 강도와 운동 시간은 운동을 마친 후 1시간 이내에 과도한 피로를 느끼지 않도록 설정해야 한다.

운동의 지속적 능력을 발휘하기 위해서는 심폐 순환 기능의 향상을 이루어야 한다. 지속적인 심폐 순환 기능의 향상을 위해서는 운동 강도와 운동 시간 등이 향상된 체력 수준에 맞게 계속적으로 조절되어야 한다. 체력의 향상 정도는 개인의 연령, 건강 상태, 그리고 초기 체력 수준에 달려 있다. 체력 수준이 높거나 선천적인 최대 운동 능력에 접근해 있는 사람은 체력 수준이 낮은 사람에 비해 향상 정도는 차이가 난다. 운동의 단계는 초기 단계, 항상 단계, 유지 단계로 나누어 처방한다. 운동 초기단계에서는 스트레칭, 가벼운 유연성체조 및 낮은 수준의 유산소 운동을 포함하는 것이 좋다.

초기 단계는 4~6주 동안 계속한다.(이때 운동 프로그램은 수영, 걷기, 산책, 등산, 자전거타기 등) 그러나 이것은 참가자가 운동 프로그램에 얼마나 잘 적응하느냐에 달려있다. 예를 들면 체력수준이 보통인 사람이나 관상 동맥성 심장 질환을 가진 사람은 초기단계를 6~10주동안 계속하는 것이 좋고, 체력 수준이 좋은 사람은 이미 운동을 하고 있다면 초기 단계에는 짧은 기간 동안 참가하거나 이 단계를 생략 할 수도 있다.

초기 단계에서는 특히 건강 상태를 고려해야 한다. 협심증 환자는 초기단계에서 최대 운동 능력의 40~50%로 운동을 해야 한다. 간헐성 파행증을 가진 사람은 휴식 시간을 두고 1~2분 동안 운동하는 것이 좋다.

쇠약증 환자나 큰 수술을 한 사람은 최대 운동 능력보다 강도가 낮은 운동으로 시작하는 것이 좋다. 협심증, 국소근육피로 또는 호흡 곤란증이 있는 사람의 운동시간은 5분 미만이어야 한다.

3. 체력강화운동

체육의 범위는 매우 넓고 그 종류가 다양하기 때문에 운동종목을 선택할 때는 다음과 같은 점을 고려해야 한다.

첫째 : 자신의 개성과 취미, 체격, 체질, 체력, 흥미도에 맞는 운동종목을 선택할 것

둘째 : 운동마다 독특한 특성과 체육적 효과를 고려하여 선택할 것

셋째 : 일상생활과 레크리에이션 활동으로서 가치가 높은 것으로 선택할 것

넷째 : 실내와 실외운동, 계절에 관계있는 각종 운동을 고루 선택하여 다양한 경험을 할 수 있도록 할 것

다섯째 : 성별, 연령, 생활환경, 단련정도를 고려하고 체계적으로 할 수 있는 종목을 선택할 것

위와 같은 사항을 고려하여 먼저 자기 적성에 맞는 종목선택과 체육활동 동조자(동호인)를 잘 선택하고 계절에 맞는 운동을 적절히 선택하여야 한다. 신체훈련을 위한 운동으로는 각종 구기종목, 계절운동, 응용운동 등 여러 가지가 있는데 이를 구분하면 아래와 같다.

대표적인 운동종목

· 일반운동 – 사회인이 평상시 늘 할 수 있는 운동
· 민속운동 – 씨름, 널뛰기, 각종 전통무예
· 놀이운동 – 제기차기, 굴렁쇠굴리기, 줄넘기, 줄다리기
· 리듬운동 – 줄체조, 훌라후프체조, 민속무용, 탈춤

1) 체력운동의 중요성

많은 사람들은 체력의 기초를 형성하는데 중요한 역할을 담당하는 근력이 운동선수에게만 필요한 것으로 생각하고 있으나 일반적으로 근력의 약화는 각종 질병의 원인이 되어 다음과 같은 결과를 가져올 수 있다.

· 요통이 발생한다.
· 신경근육의 조정능력이 감소된다.
· 피로를 쉽게 느낀다.
· 상해를 쉽게 받게 된다.
· 근육의 탄력성이 감소되어 빨리 늙는다.
· 신체의 외형이 빨리 변하고 뼈의 노화가 빨리 온다.

건강한 사람을 기준으로 하여 최대근력 수준은 20대 초반에 도달하므로 그 후에는 규칙적인 신체활동을 통하여 근력과 지구력을 함께 증가시킴으로써 지방의 감소와 근육의 탄력성을 지니도록 노력해야 한다. 체력의 기본이 되는 근지구력의 증가는 적당한 속도와 함께 반복되는 운동에 의해 가능하다. 이를 위한 운동으로는 웨이트 기계나 기구를 사용한 운동과 다양한 실내 운동을 들 수 있다.

그러나 체력강화훈련을 하기에 앞서 다음과 같이 먼저 선행해야 할 것이 있다.

(1) 직립자세이다. (우리가 흔히 말하는 차렷 자세이다)
직립자세가 올바르지 않으면 운동으로 신체의 균형을 잃을 염려가 있다.
(2) 발가락만으로 서서 오래 버티기, 발가락끝으로 서서 몸의 균형을 유지하여 오래 서 있을 수록 몸의 균형이 올바로 되어 있다는 증거이며 더 나아가서는 균형을 잡아주는 역할도 한다.

그 후 간단히 실시할 수 있는 스트레칭과 아울러 근력강화 운동이 되어야 한다. 그러나 신체가 삐뚤어지거나 잘못된 부분이 있을 때에는 교정이 이루어진 후에 근력강화 훈련이 시작되어야 한다. 신체가 삐뚤어진 상태에서 운동을 하면 운동 상해를 일으키는 원인이 되고 각종 질병의 원인이 될 수도 있기 때문이다.

2) 실내외에서 할 수 있는 기본 운동

① 직립자세

-1-

설명 : 직립자세는 사람에게 있어 기본자세이고 운동자에게는 특히 중요한 자세이다. 평온한 마음으로 신체를 부드럽게 하고 머리는 세우되 목의 힘을 빼고, 가슴은 조금 내밀듯하되 팔은 편안히 늘어내리고, 무릎은 붙이고 두발은 일자로 나란히 한다.

② 다리 벌리고 오래 서있기

-2-

설명 : 온몸의 힘을 빼고, 머리는 바로 세우고, 두 눈은 정면을 보고, 가슴은 펴며, 두 손은 펴서 아랫배에 가지런히 대고 두발은 어깨넓이로 벌리고 선다.

③ 다리를 들어 상체 돌리기

-3-

설명 : 오른발을 들 때에는 왼쪽 상체와 같이 왼발을 내민다. 이때 손을 펴고 손등이 하늘을 보게 하고 수평을 유지한다. 이 동작을 역순으로 반복한다. 요통에 효과가 있다.

④ 목 운동

-4-

설명 : 다리를 어깨넓이로 벌리고, 두 팔은 편안히 내리고, 목은 힘을 뺀 상태에서 좌우로 돌린다. 두발의 위치는 어깨넓이 보다 조금 더 벌리는 것이 안정감이 있다. 그러나 너무 많이 벌리면 운동의 효과가 감소된다.

⑤ 의자에 앉아 두 손 높이 들기

-5-

설명 : 의자에 앉아 허리를 펴고 가슴을 내밀며 두 손은 편 상태에서 높이 든다. 이 운동은 책상에 앉자 오래 근무하는 사람들이 척추및 골반 그리고 어깨의 피로도를 줄일 수 있는 운동이다.

⑥ 의자를 이용한 운동

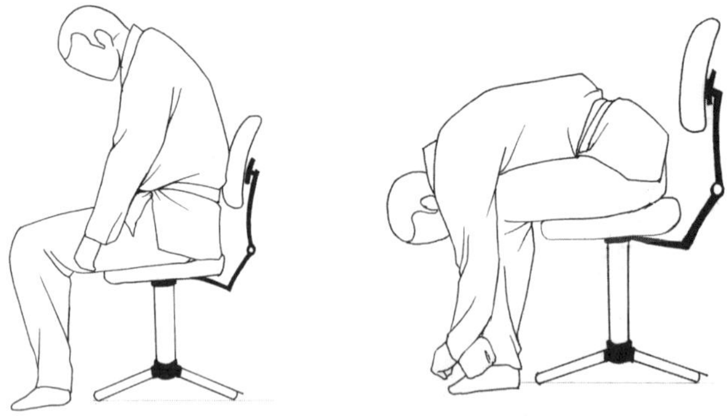

-6-

설명 : 의자에 앉은 상태에서 긴장을 풀고 온몸의 힘을 빼고 편안한 마음으로 실시한다. 다리는 90°로 세운 다음 숨을 내쉬고 무릎에 가슴이 닿도록 몸을 숙인다. 다음 동작 때에는 고개를 상체와 같이 숙이고 두 손은 의자의 끝을 가볍게 쥔다.

⑦ 벽을 이용하는 운동

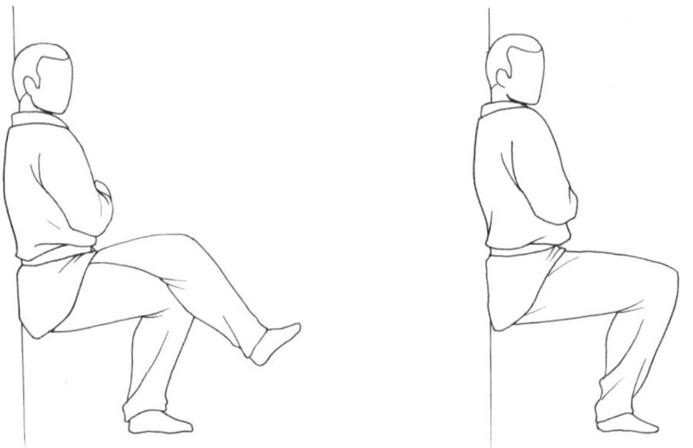

-7-

설명 : 온 몸을 수직으로 벽에 댄다. 벽에서 발의 위치는 40~50cm 정도 떨어진 위치에 놓고 벽에 등을 가볍게 대고 무릎이 90°가 되도록 앉는다. 그리고 한쪽 발을 들어 반대 다리위에 살며시 놓기를 반복한다.

⑧ 허리 이완 운동

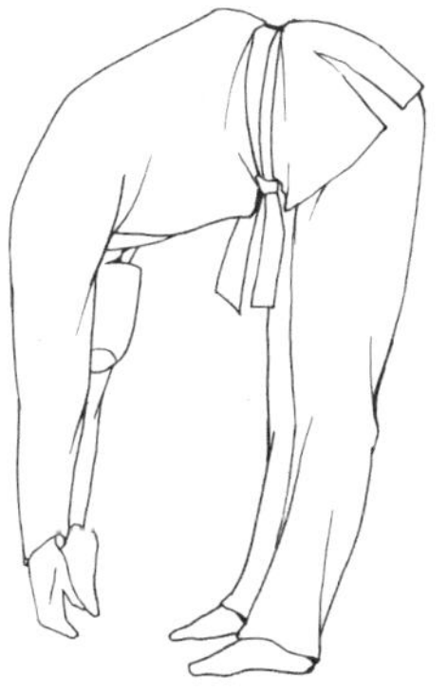

-8-

설명 : 온몸에 힘을 빼고 자연스럽게 선 자세에서 자세를 숙인다. 이때에 다리를 구부리거나 허리에 힘을 주어서는 안 된다. 더욱 중요한 것은 이때 호흡을 멈추어야 한다.

3) 긴장완화운동

① 온몸 이완 운동

-9-

설명 : 다리를 어깨넓이보다 조금 더 벌리고 허리에 힘을 뺀 후 두 손을 머리위에서 마주 잡고 상체를 좌 · 우 · 상 · 하 · 앞 · 뒤로 가볍게 흔든다.

② 외발로 균형 잡기

-10-

설명 : 두 팔을 벌려 어깨 높이로 올리고 정면을 바라보면서 한쪽다리을 들어 외발로 서고 발가락을 아래위로 움직인다. 그리고 다리를 바꾸는 운동을 한다.

③ 좌우로 상체 틀기

-11-

설명 : 어깨 넓이로 다리를 벌리고 선 후 두 손을 머리위로 들고 허리만을 이용하여 상체를 좌우로 굽힌다. 이때 팔이나 다리를 구부려서는 운동의 효과가 반감 된다.

④무릎으로 앉아 팔다리 운동

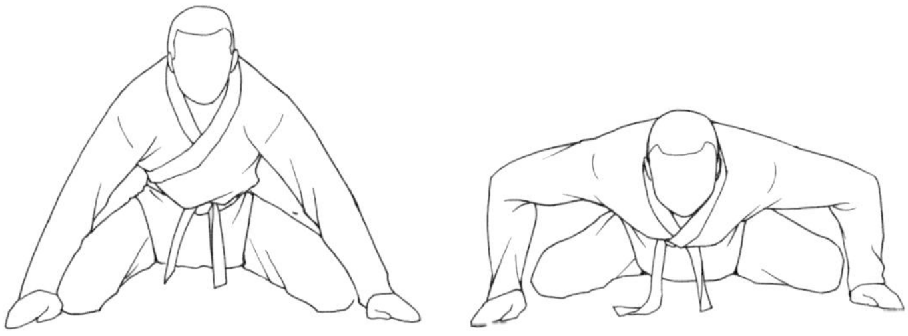

-12-

설명 : 두 팔은 팔꿈치가 90°가 되게 하여 손바닥으로 바닥에 대고 무릎을 이용하여 엎드리고 발바닥을 마주 댄다. 상체를 천천히 들어 올리고 다시 내리기를 반복한다.

⑤ 상체 이완운동

-13-

설명 : 다리를 넓게 벌려 안정감있게 선 후 팔은 힘을 뺀 상태에서 두 손을 머리 위에서 반대 팔꿈치을 잡고 가볍게 당겨서 팔과 어깨의 근육을 풀어주고 동시에 허리를 좌우로 가볍게 흔든다. 이때 호흡은 멈춘 상태이다.

⑥ 앉아서 상체와 다리 이완 운동

-14-

설명 : 두 다리를 벌리고 앉아 두 손이 V 자가 되도록 들어 올리고 상체를 앞으로 숙이고 동작을 반복한다. 이때 동작의 포인트는 팔은 움직임이 없이 그대로 있고 상체를 세우는 운동을 반복한다.

4) 요통 예방 운동

① 어깨 감아 허리 돌리기

-15-

설명 : 요통이란 허리의 통증인데 그 예방을 위해서는 강한 충격이나 급작스런 허리돌림은 금물이다. 두발을 어깨넓이 이상 벌려서 안정성이 있게 선 후 두 손을 어깨에 대고 허리를 돌린다. 처음에는 서서히 그리고 점차 강도를 높인다. (반동이용은 금물)

② 누워서 골반 들기

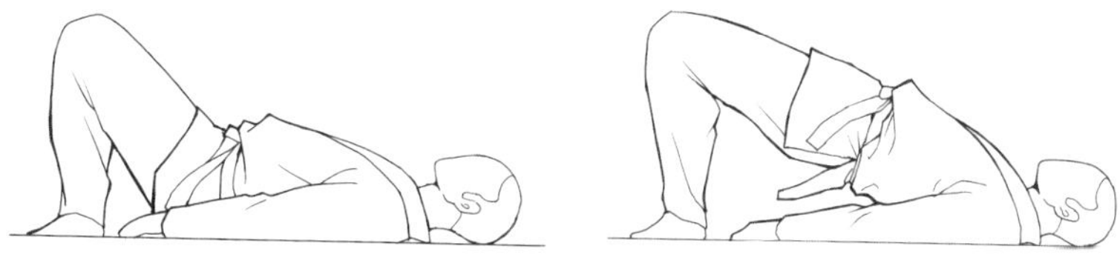

-16-

설명 : 허리를 곧게 펴고 누운 상태에서 다리는 90° 각을 이루게 하고 두 팔은 쭉 펴고 손은 손바닥으로 바닥에 댄다. 그리고 골반을 서서히 든다. 이때 어깨를 움직이지 않는다.

③ 엎드려서 다리 들기

-17-

설명 : 허리를 곧게 펴서 바닥에 엎드린다. 두 손은 어깨받침이 되게 수직으로 바닥에 댄다. 그 후 상체는 두 팔이 곧게 펴지도록 들고 한쪽 다리를 서서히 높게 든다. 그 다음 반대다리도 같은 요령으로 수차례 반복한다.

④ 엎드려 상체 들기

-18-

설명 : 허리를 곧게 편 상태에서 바닥에 엎드린다. 두 손은 어깨받침이 되게 수직으로 바닥에 댄다. 그 후 상체는 두 팔이 곧게 펴지도록 들어서 허리운동을 실시한다.

⑤ 쪼그려 앉기

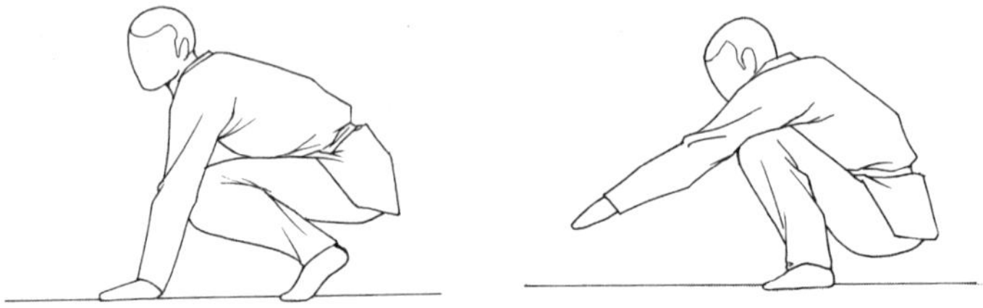

-19-

설명 : 두발을 모으고 무릎을 붙이고 앉는다. 두 팔을 내밀어 균형을 유지하면서 일어섰다, 앉아다가를 반복한다. 이 운동은 신체의 균형 유지와 협응성에 도움이 된다.

5) 유연성 운동

① 제자리 걷기

-20-

설명 : 몸의 힘을 빼고 제자리를 걸으면서 두 팔을 번갈아 올린다. 이때 보폭을 넓게 하고 뒤에 있는 무릎은 곧게 편다. 두 팔은 힘차게 흔든다.

② 제자리 서서 몸통틀기

-21-

설명 : 두발을 가지런히 하고 무릎을 붙이고 선다, 두 손은 어깨위에 가볍게 올려놓고 상체를 서서히 돌린다. 이때 두발은 움직임이 없고 상체만 움직인다. 여기서 두 발이 움직이면 안된다.

③ 누워서 무릎 감싸기

-22-

설명 : 등을 바닥에 대고 누워서 두 손으로 무릎을 감싸 서서히 당겨 가슴으로 이끈다. 수차례 반복한다.

④ 옆으로 누워 다리 흔들기

-23-

설명 : 옆으로 누워 다리를 바닥에 밀착시키고 팔꿈치를 이용하여 상체를 세우고 다리를 앞·뒤로 움직인다. 또 반대로 누워 같은 방 법으로 운동을 한다.

⑤ 온 몸 늘리기

-24-

설명 : 다리를 어깨넓이보다 조금 더 벌리고 선다. 두 손은 어깨 높이로 들었다가 U자 모양으로 들어 올린다. 내렸다가 올리기를 반복하는데 머리도 두 손과 같이 앞뒤 좌우로 실시한다.

6) 몸매 만들기 운동

① 잎드러 다리 들기

-25-

설명 : 엎드려 팔을 앞으로 펴고, 오른손을 뒤로 하여 왼발을 잡아 세운다. 이때 다리의 힘을 빼고 유연하게 실시한다. 오른손이면 왼발을 왼손이면 오른발을 잡는다.

② 누워서 팔 다리 운동

-26-

설명 : 반듯하게 누워서 두 손을 머리 뒤에서 깍지를 끼고 두 다리를 구부려 가슴으로 당기는 동작이다. 그리고 몸통을 좌우로 가볍게 튼다.

③ 의자를 이용한 다리운동

-27-

설명 : 다리를 넓게 버리고 서서 한손으로 책상을 잡고 무릎을 구부렸다 폈다를 반복한다. 책상을 이용한 실내운동이기 때문에 그 효과를 많이 볼 수 있다.

④ 온몸운동

-28-

설명 : 제자리에 서서 두 손을 앞뒤로 흔들어 균형을 잡고 다리를 들어 운동을 한다. 오른 다리를 들 때에는 몸을 돌리면서 왼손을 앞을 향해 수평으로 흔든다.

⑤ 쪼그려 앉아 다리운동

-29-

설명 : 쪼그려 앉지만 두 손을 이용하여 히프를 들고 상체는 움직임이 없이 다리를 측면으로 곧게 뻗는다. 재차 반복한다. 이때 상체의 무게는 두 손으로 균형을 잡는다.

⑥ 앉아서 허리 및 상체 운동

-30-

설명 : 두 다리를 최대한 벌리고 앉는다. 그리고 상체를 측면으로 숙이는데 숙이는 쪽 팔은 앞으로 한다. 또 몸을 세워서 반대쪽으로 실시한다.

각 단위별 운동을 실시할 때는 평안한 마음과 유연한 몸동작으로 약한 강도에서 20초간 실시하고, 조금 발전된 단계로 20초간 실시하는 것으로 반복하여 3~4 SET가 (약한 강도 20초, 조금 발전된 단계 20초, 조금 강한 강도 20초, 강한 단계 20초)매우 바람직하다. 이 같은 규칙으로 신체훈련을 하면 운동 상해를 최소화하여서 운동의 부담을 줄이고 쾌적한 마음으로 원하는 운동효과를 얻을 수 있을 것이다.

제 6 장 호흡과 건강

1. 호흡의 중요성

살아있는 생물은 모두 호흡을 한다. (생물에는 동 · 식물로 나눈다.) 그 중에 동물은 산소를 필요로 하고, 식물은 산소를 공급한다. 여기에는 동 · 식물의 공존과 자연의 美가 있는데 이 모든 것이 순리에 맞추어 순행하며 호흡을 한다는 것이다.

2. 인간의 호흡법

인간의 호흡법은 흉식호흡, 복식호흡, 흉복식호흡 세 가지와 단전호흡이 있다. 이 호흡법을 구분하여 간략하게 설명하면 다음과 같다.

1) 흉식(胸式)호흡

「흉식(胸式)호흡」은 가슴 즉, 흉곽으로 하는 호흡이다. 이 호흡은 흉곽(가슴을 둘러싸고 있는 골격)을 확대시키는 근육군이 수축과 이완을 함으로서 이루어진다.

인간의 몸은 근육군이 협력해서 활동을 하면 흉곽이 비교적 쉽게 넓힐 수 있도록 되어 있다. 가슴을 넓혀 성대를 개방하면 몸 바깥 공기가 폐 속으로 들어온다. 결국 흉곽이 넓어지면 들숨(들이쉬는 숨)이 된다. 숨을 깊이 들이마시는 일이 비교적 쉬워지는 것은 이 흉곽근의 수효가 많기 때문이다. 그러나 흉식호흡은 가장 효능이 약한 호흡법이다. 이 식으로 호흡을 하면 강력한 기운이 솟아나지 않으며 생체기능도 저하된다. 인간은 슬픈 일이나 걱정거리가 있어 혈압이 올라가면 이 흉식호흡을 하게 되는데 숨을 몰아쉬는 것이 흉식호흡의 전형이다.

사람의 호흡을 보면, 기쁘고 즐거울 때는 깊은 숨을 쉬고, 긴장을 하면 얕은 숨을 쉰다, 그러므로 우리는 긴장을 하면 이러한 폐단을 막기 위하여 숨을 크게 몰아 쉬는 것이다.

2) 복식(腹式)호흡

「복식(腹式)호흡」이라고 해서 바깥공기가 직접 뱃속으로 들어가는 것이 아니다.

바깥공기의 출입은 폐에 한정되어 있다. 말하자면 복식호흡은 횡격막의 운동으로 이루어지고 있는 것이다. 횡격막 〈그림26〉은 복강과 흉강사이에 있는 근육성 막을 말한다.

이것이 위 아래로 움직이면서 매우 독특한 작업을 하는데 흉강이 차지하는 공간이 넓어지면 복강은 압력을 받아 들숨을 하게 되며, 반대로 횡격막이 늘어져 올라가면 흉강의 공간이 줄어들고 복강의 압력이 감소되어 날숨(내쉬는 숨)이 된다.

이때 복강은 각종 장기로 차 있기 때문에 복강의 공간이 줄어들기 어려워 복벽이 팽창된다. 이런 이유에서 복식호흡은 배가 들어오고 나가는 호흡이 되는 것이다. 결국 횡격막이 수축 하강할 때 배 주위의 근육이 느슨해져 있으면 복벽의 앞부분이 팽팽해진다. 들숨을 하면 어느 정도 복부압력이 차 있기 때문에 바깥공기가 뱃속까지 들어와 있는 것으로 착각한다.

이런 이유로 해서 날숨에 의하여 배가 들어가고 들숨에 의해 배가 나오는 호흡을 복식호흡이라 한다. 이 호흡은 흉강에만 미치는 흉식호흡과는 달리 압력의 변화가 흉강과 복강 두 곳에 다 미치기 때문에 모든 장기에 혈액순환이 활발해지며 생체의 운영도 쾌척해진다. 이 같은 원리에서 볼 때 복식호흡은 흉식호흡보다 우수한 호흡이다. 이 복식호흡을 잘하는 사람에게는 노이로제가 없다. 사물에 집착하지 않는 낙천가가 이 호흡을 하기 때문이다.

3) 흉 · 복식호흡

「흉 · 복식호흡」은 앞에 두 가지를 혼합한 듯한 호흡을 말한다. 복식호흡보다 효능이 뛰어난 호흡법이 아니고 때로는 흉식호흡을 하고 때로는 복식호흡을 하는 형태를 말한다.

재론하면 흉식호흡은 흉곽의 확대와 수축을 主로 하는 호흡법이고, 복식호흡은 횡격막의 상하운동이 主가 된다하더라도 두 호흡은 서로 섞여 있다. 사람들이 무의식중에 늘 하는 호흡은 안정호흡이지만 이 호흡도 사람에 따라서 조금씩 다르다.

대개 흉식호흡은 여성이 하고, 복식호흡은 남성이 많다.

흉식호흡에서 흉곽이 넓어지면 들숨이 되고, 흉곽이 좁아지면 날숨이 된다.

복식호흡에서 횡격막이 수축하여 내려가면 들숨이 되고, 늘어져 올라갈 때는 날숨이 되는 원리이다.

4) 단전(丹田)호흡

「단전(丹田)호흡」은 배에 힘이 들어가 있는 강한 복부압력을 동반한 호흡이라고 말할 수 있다. 단전호흡을 하면 강한 복압이 만들어지기 때문에 복강 내 모든 장기의 정맥혈이 심장으로 주여져 올라가고 동맥혈이 흘러나오는 일이 강력하게 되풀이 되므로 장기가 활발한 운동을 하게 된다. 이 같은 현상이 내장기능을 강하게 만들어 준다는 것을 의미한다. 또 단전호흡은 자율신경의 부조화를 막고 생체 내의 각종 호르몬계통을 조정하며, 몸은 강하게 하여주고 마음도 편안하게 해 준다.

단전호흡은 배의 근육과 함께 수축되는 호흡이기 때문에 복식호흡처럼 호흡 때 마다 복벽이 나오거나 들어가는 일은 적다. 따라서 외관상으로 이 단전호흡을 관찰하며 깨닫는 것은 어려운 일이다. 그러나 손가락으로 배를 눌러보면 강력한 복압이 들어 있다는 것을 알 수 있다.

강한 복압을 갖게 되는 단전호흡은 호기성 강복압호흡과 흡기성 강복압호흡으로 나눠지는데, 날숨과 더불어 강력한 복압을 갖는

호기성 강복압호흡이 더 우수한 호흡이다.(예를 들면, 무거운 짐을 지고 산을 올라갈 때에 호흡이 바로 호기성 강복압호흡이다.)

발을 옮길 때마다 하복부에 힘을 주기 때문에 생기며 등산하는 사람이 왕성한 기운을 갖고 있는 이유는 단전호흡법에서 생각할 수 있는 횡격막뿐만이 아니라 배의 근육까지 단련되기 때문이다. 여기서 중요한 것은 강복압을 걸고자 할 때는 숨을 멈추어야 한다는 것이고, 숨을 멈추고자 하면 뇌압이 올라가게 되므로 매우 조심해야 한다.

우수한 호흡은 복부의 압력과 비례하지만 흉식호흡과 복식호흡은 분류할 수 없다.

더욱 주목할 것은 현대의학의 주류를 이루는 서양의학에서도 호흡을 흉식호흡과 복식호흡으로 나누어 연구하고 있다는 것이다.

3. 단전호흡의 효과

안정호흡에서는 아무리 복식호흡을 하여도 복부의 압력은 별로 강하지 않다. 그러나 꾸준히 심도있게 복식호흡을 실시하면 심신이 놀라우리만큼 강해진다.

특히 위궤양「위통, 생목(입까지 치밀어 오르는 뱃속에 삭지아니한 음식물), 메슥거림, 식후의 통증, 명치의 통증」이나 위하수「체증, 음식물의 소화가 지체되는 증상, 위액이 나오지 않아 음식물이 위에 그냥 있는 상태, 음식물의 무게로 위가 쳐지는 증상」로 괴로움을 겪는 사람 또는 위산과다로 고통 받는 사람은 이 호흡으로 치유될 수 있다. 이와 같이 心身개조를 호흡만으로 이룰 수 있다.

단전이라는 것은 인체의 힘의 원천이며 건강의 근원이기 때문이다.

心身단전호흡에 빨리 도달하려면 횡격막 운동을 잘 이해하여야 한다. 배 밑까지 빨아들이는 기분으로 충분히 숨을 들이 쉴 때에 상태를 보면 횡격막은 약간의 폭(약5~10cm)이 내려간다. 또 숨을 내쉴 때는 다시 흉강을 향해 횡격막이 올라간다.

그렇다고 숨을 들이쉰다고 해서 공기가 뱃속까지 들어가는 것은 아니다. 횡격막이 복강(腹腔)을 향해 깊이 수축해 내려가면 그만큼 흉강은 넓어지기 때문에 들이 마시는 공기량이 많아진다.

바깥공기는 언제나 폐까지만 들어간다. 그때 횡격막이 수축 하강함에 따라 복강이 좁아지고, 그 결과 복강내 압력이 높아지므로 뱃속까지 공기가 들어오는 것 같은 착각을 느끼게 되는 것이다.

그러나 아랫배에 힘을 주는 관념호흡을 반복해도 결국에는 같은 효과를 본다.

어쩌면 뱃속까지 숨을 들이 쉰다는 관념호흡을 하는 방법이 보다 일반적인지 모른다. 이른바 복식호흡이라고 하는 갖가지 호흡법 중에서 배를 부풀게 한다든지 쑥 들어가게 한다든지 하는 여러 가지 방법이 있지만 가장 중요한 것은 배가 들어가 있느냐 없느냐 하는 것이다.

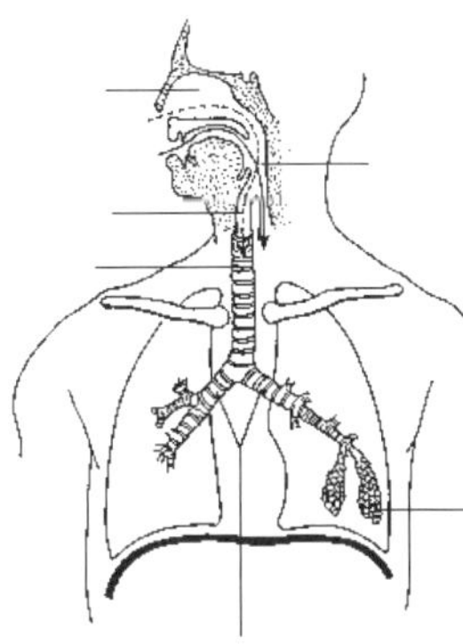

〈그림26〉 횡격막 운동

지금까지 말한 것은 들숨과 더불어 강한 복압이 생기는 경우이고 또 다른 것은 날숨을 강하게 하므로 복강에 압력이 생기는 단전호흡이 있다. 날숨으로 복강의 압력을 채우는 것이 여러 가지로 우수하다는 것은 말할 나위가 없다.

다음에서는 단전호흡의 효과를 몇 가지로 구분하여 본다.

1) 복압변동: 호흡의 복압변동에 있어서 흉식 호흡에서는 변동이 없다.

흉식 호흡만 하고있는 사람의 복부압력을 재보면 매우 미약하다. 연구발표에 따르면, 기초압력을 20mm로 해두고 흉식 호흡으로 숨을 내쉬면 복부압력이 겨우 2~4mm만 내려가는 것으로 확인되었다. 또 흉식 호흡만 하고 있으면 날숨으로 횡격막이 느슨하여지며 두통, 변비 등이 많아진다. 더욱이 슬퍼하고 있을 때 복부압력의 변동은 0에 가깝다.

2) 내장기관: 내장기관이 강해져서 변비 등을 없애준다.

우리가 매일 먹는 음식 중에는 밥과 빵을 비롯한 주식이 있고 그 외에 여러 가지 부식이 있다. 음식물은 탄수화물, 단백질, 지방등 3대 영양소 외에 미네랄 · 비타민 · 효소 등으로 분리된다. 그 중 3대 영양소는 전부 위와 십이지장에서 분해되어 심장에서 혈관으로 흡수된다.

· 탄수화물 · · · · · · · · · · · · 포도당
· 단 백 질 · · · · · · · · · · · · 아미노산
· 지 방 · · · · · · · · · · · · 지방산, 글리세린

어떠한 음식물이든 모두같이 분해되어 「소장」에서 흡수된다. 아무리 진수성찬이라 해도 「장」에 흡수되는 일은 없다.

식사를 하면 음식물은 식도를 통해 「위」로 보내지고, 「위」는 소화에 필요한 위액을 보내고 휘저어 섞는 운동을 한다. 이 운동은 활발히 이루어져야 하는데 그렇지 않으면 십이지장에 보내져도 충분히 소화되지 않아 소장에서도 흡수가 좋지 않다. 세상에는 아무리 많이 먹어도 살이 찌지 않는 사람이 있는데 이들은 胃나 십이지장에서의 소화처리가 충분하지 않거나 소장에서의 흡수가 불안전한 사람으로 수분조절이 충분히 이루어지지 않고 있음을 알 수 있다. 소장은 영양분을 흡수하는 중요한 것으로 입과 위, 십이지장도

전부 이 소장의 영양분 흡수를 위해 협력하고 있다. 결장에서는 영양분 흡수 후에 잔류물에서 수분을 흡수하여서 잔류물을 최대한 농축하고 직장은 그것들을 잠시 놓아두는 장소가 된다.

또 아무 때나 위액이 지나치게 많이 분비되면 위산과다증이라고 부르며, 위액분비가 나쁘면 위궤양이라 부르고, 위궤양이 심해지면 위하수를 일으키기 쉽다.

위나 십이지장 사이에는 유문이 있다. 이 유문이 항상 닫혀져 있는데 충분히 열려아 할 때 그렇지 못히면 유문 협칙이 되고 이때 경련을 일으키면 유문경련이 된다. 또 위나 식도 사이에는 분문이라고 불리는 매듭 지워진 데가 있는데 식후에 물구나무를 서도 입으로 음식물이 역류되지 않는 것이다.

위장의 활동은 자율신경의 지배아래 자동시스템으로 행하여지고 있는 것이다. 자율신경은 작용이 서로 다른 두 종류의 신경이 한조를 이룬다. 위장만이 아니라 모든 장기에 공통적이다. 두 종류의 신경이란 교감신경과 부교감 신경이다.

胃에서는 부교감신경이 위액의 분비를 촉진하고 교감신경이 그것을 멈추게 한다.

가슴이 쓰린 것은 부교감신경 즉, 미주신경이라고 불리는 것이 소설이 살뇌지 않아 필요이상의 위액이 나오는 것 즉, 위산과다라는 것이다. 정상적인 상태에서의 위액은 음식물이 위에 들어왔을 때 적절한 양만 나오게 되어 있는데 이것이 바로 미주신경이 그렇게 만드는 것이다.

胃에도 표정이 있어 喜怒哀樂에 따라 모습을 달리한다. 슬픔, 걱정, 불안 등의 감정에 따라 위에 긴장도 팽배해지고 입맛도 없어진다. 그런가하면 걱정 · 불안 · 질투 · 고민 · 전율 등의 격한 감정도 胃에 자율신경을 뒤엉키게 만든다.

특히 현대생활의 갖가지 환경은 인간에게 숱한 걱정거리를 가져와 자율신경을 어지럽히고 위장의 활동을 방해하고 있다.

이와 같은 정신적인 스트레스가 위궤양이나 십이지장궤양등의 요인이 되는 경우가 많다.

인류 최초로 스트레스라는 용어를 만들어 내고 또 그에 대한 학

설을 내놓은 「한스 세리에」박사는 동물실험을 통하여 어떤 동물이건 불안, 공포 등의 심리적 긴장상태가 계속되다보면 부신피질 호르몬이 과다하게 분비되어 호흡이 곤란해지고 위궤양이 더욱 심해진다고 발표를 했다.

3) 변비의 영향과 효과

입안에 들어온 음식물은 들어가고 나오는 과정이 일정하게 되어있는데 그 과정은 컴퓨터같이 정확하다. 그런데 이때 일정한 과정을 지나 출구까지 온 노폐물이 출구직전에서 멈추어 있는 상태가 바로 변비이다.

변비가 계속되면 무엇보다도 혈압이 올라간다. 혈압이 올라가므로 자연히 머리가 무겁고 때때로 두통을 동반하고 피부가 거칠어진다.

이런 이유 때문에 특히 변비는 여성들의 적이라고까지 말한다. 변비는 정상적인 수분을 갖고 있지 못한 때 일어난다. 대장에서 소화에 걸리는 시간이 길면 필요 이상의 수분이 사용되기 때문에 변은 자연이 딱딱해질 수밖에 없게 된다. 소장은 먹은 음식물 중에서 영양분을 섭취하고 대장은 수분이나 전해질의 흡수를 분담한다. 따라서 대장의 운동이 둔화되면 자연 음식물이 대장을 지나는데 시간이 걸리게 된다. 그래서 필요이상의 수분이 흡수되어 변이 딱딱해지는 것이다.

재미있는 통계가 있다. 1982년 미국의 설사약 연간 매출액이 2억6천2백만 달러였다는 것이다. 그리고 해마다 늘어나는 추세라는 것이다. 이것을 봐도 변비를 호소하는 사람이 얼마나 많은지 알 수 있는 것이다. 이 설사약은 장의 운동을 높이고 대장의 활동을 단축하여 수분을 정상으로 유지시키는 것인데 자주 사용하면 장의 점막을 자극하여 통증을 가져올 수 있다.

변비예방법이 여러 가지가 있다고 말을 한다. 매일 아침 식염수를 마시면 좋다는 사람, 찬 우유로 변비를 예방했다는 사람, 그러나 여기 변비를 이상적으로 고칠 수 있는 방법이 있다. 丹田呼吸이다.

단전호흡의 설명은 앞에서 했으므로 인용하기 바란다.

대변은 양이 많거나 작거나 복압이 걸리지 않으면 제대로 되지 않는다. 복압을 걸때는 가슴에 힘이 들어가지 말아야 하는데 가슴까지 힘이 들어가는 것이 문제이다. 이때는 숨을 막지 않는 것이 필요한데 숨을 막으면 뇌압이 갑자기 상승하게 되고 성대가 폐쇄되어 위험하다. 그러므로 성대를 열고 호흡의 출입을 자유롭게 해두는 것이 변비와 뇌출혈을 막기 위한 안전핀이라고 할 수 있다.

재론하면, 성대를 개방하고 날숨으로 복압을 걸기 때문에 의학적으로도 이상적인 배변상태이고 뇌출혈 등의 2차적 병을 예방할 수 있다는 것이다. 결국 배변 시에는 날숨과 함께 복압을 걸면 된다는 것이다. 배의 힘을 넣으면서 숨을 내쉬는 것이 중요하며, 이런 훈련이 쌓이면 횡격막과 배 근육들이 서로 협조하여 수축이 가능해 진다. 이같이 되면 대장운동도 원활해지고 소화기능이 활발해지기 때문에 이상적인 배변을 할 수 있게 된다. 맛있게 먹고 배변도 가뿐하게 이루어지면 머리는 항상 가볍고 정신활동도 언제나 쾌적해질 것이다.

이 단전호흡은 1분에 약 20~25회가 좋다. 또 이 호흡법의 이점은 척추교정에도 있다. 척추 및 그것을 둘러싸고 있는 조직을 강화하고 신경조직은 조정해 준다.

4) 심장의 영향: 단전호흡은 심장을 강하게 만든다.

심장은 나면서 죽을 때까지 조금도 쉼이 없이(불수의근) 활동하는 부지런한 기관이다. 심장은 동맥으로 혈액을 보내는 일을 하며 1분간 약 60~70회 혹은 그 이상을 활동한다. 심장으로부터 나오는 혈액양은 1분에 약 5.2ℓ 로 계산하면 하루에 7448ℓ 정도의 혈액이 심장으로부터 배출되는데 최근에는 협심증(갑자기 심장이 아프거나 발작이 생기는 증상, 급성 심장마비의 원인이 됨)등의 심장병이 많아진다.

이것은 심장에 영양이 충분히 공급되지 못한 증상이다. 이 심장이 피를 보내는 일이 자동으로 이루어지고 있는 것은 사실이나 반면에 심장은 심리상태에 영향을 많이 받는다. 화를 내면 심장이 동요해서 가슴이 아프다. 또한 아드레날린(부신수질호르몬: 부신수질에서 분비되는 호르몬-교감신경이 흥분상태가 되면 심장의 박동이

빨라지고 모세혈관이 수축하여 혈압이 상승한다)이 다량으로 분비되는 동시에 체강압에 이변이 일어난다.

화가 나면 일시적이지만 숨이 막히고 가슴에 강한 힘이 들어간다. 놀라는 것도 심장에 좋지 않다. 놀랄 때는 잠시나마 심장의 고동이 멈춘 듯한 느낌이 든다. 그것은 심장으로 돌아와야 할 혈액이 심한 놀라움에 의해 일시적으로 흐름을 방해받으면서 횡격막의 이완이 심해 늘어지고 그 결과 심장이 잠시 동안 텅 빈 상태가 되기때문이다.

그러므로 비관하고, 화를 내고, 놀라는 것은 심장에 좋은일은 아니다. 그에 반해 웃음은 심장에 큰 도움을 준다. 폭소 같은 것은 더욱 좋다. 배꼽을 쥐고 웃는 웃음 자체가 굉장히 강한 날숨으로 강력한 배의 압력을 만든다. 그것은 하반신의 정맥혈을 심장으로 짜올리는 역할을 한다.

다시 말해, 심장이 내보내는 혈액의 질과 양이 부족하면 가슴이 고통을 받는 것이다. 심장을 쾌적하게 활동시키려면 심장으로 돌아오는 혈액을 풍성하게 해주고 산소가 많은 혈액을 공급해 주어야 한다. 따라서 걷거나 계단을 올라갈 때는 배에 힘을 주고 숨을 내쉬면서 다리를 옮기는 것이 좋다. 강력한 힘을 가지고 쉴 줄을 모르는 심장은 가슴속에 있는데 심장이 뱃속에 있지 않고 가슴속에 있는 것이 매우 중요한 이유가 있다. 가슴속은 우리의 體內에서 가장 압력이 걸리지 않는 대기보다 더 낮은 압력이 머무는 곳이기 때문이다.

심장에서 나간 혈액은 다시 심장으로 되돌아오지 않으면 안 된다. 그러나 심장에서 만들어진 압력은 말초로 갈수록 점점 약해진다. 혈관의 말초는 모세관이나 그것이 다시 만나서 정맥이 되는데 정맥압이 낮으니 이 약해진 정맥압을 위해 갖가지 힘이 생체 내에서 만들어지게 된다. 따라서 심장이 있는 곳에 압력이 낮으면 낮을수록 혈액이 심장으로 되돌아오기 쉽게 된다는 것이다. 그러므로 가슴을 상쾌하게 하려면 항상 깊은 호흡이 필요하다. 깊이 숨을 들이 쉰 경우에는 가슴이 넓어지고 배에 힘이 들어가게 된다. 즉 가슴의 압력을 낮추는 동시에 배의 압력을 높이는 호흡이 된다. 다시 말해 숨을 충분히 들이쉬었을 때 배에 힘이 세게 들어가면 하반신의 혈액을 죄어 그것을 빨아올리므로 굉장한 강심법이 된다.

또 숨을 깊이 들이 마시면 폐포 구석구석까지 바깥공기가 들어가게 되고 많은 산소를 갖게 된다. 이 풍부한 혈액 중에 산소는 관상동맥으로 흘러들어가 심장을 싸고 있는 근육을 강하게 하고 혈관을 젊게 유지하는데 큰 역할을 한다.

연구발표에 따르면, "혈액 내에 산소가 많으면 암세포가 생기는 것을 막는데 큰 도움을 준다." 하였다.

동맥경화를 보자. 동맥경화란 육류를 많이 먹어 동맥벽에 찌꺼기가 끼고 이것이 혈관을 좁히게 되어 피의 흐름이 좋지 않게 되는 현상인데, 이때 심장은 이전보다 더욱 강한 힘으로 혈액을 올려 보내야 하기에 혈압이 올라가고 심장은 부담도 가중된다. 인간을 건강하게 오래 살도록 만드는 것은 바로 심장이다. 그 심장을 오래 존속시키려면 심장을 아끼고 보호해야 한다. 인간은 누구나 심하게 피곤하면 옆으로 눕게 된다. 그렇게 몸을 직립상태에서 수평으로 변화시키면 심장은 가장 작은 부담을 느끼게 된다. 피곤해진 몸을 밤에는 옆으로 뉘어 휴식하는 그것은 지구의 자전에 리듬을 맞추는 극히 자연적인 자세며 심장에서도 중요한 리듬이다. 이 같은 이론을 보아도 난선호흡으로 강한 심장을 만들 수 있다.

5) 호흡기 영향: 단전호흡과 호흡기

인간은 태어나서 죽을 때까지 호흡을 한다. 그 호흡은 항상 이처럼 저절로 이루어진다.

呼吸器係가 하는 일을 보면 다음과 같다. 바깥공기의 온도가 낮으면 이것을 따뜻하게 하고 건조해 있으면 알맞게 습기를 조절해주고, 또 먼지나 세균이 섞여 들어오면 제거하는 운동을 한다. 말하자면 수시로 달라지는 바깥공기를 조절하여 폐포(허파꽈리)가 받아들이기 쉬운 온도나 습도, 공기로 바꿔준다.

호흡기의 입구는 코로 시작해서 인후기관, 기관지, 폐포의 순으로 되어있으며, 출구는 그 반대로 되어 있다. 호흡기에서 가장 중요한 것은 바로 가스교환을 하는 폐포이다. 폐포는 자루모양을 하고 있는데 매우 정교하게 세분되어 있기 때문에 육안으로 볼 수 없고 현미경을 통해 볼 수 있다.

이 폐포에서는 적혈구가 바깥공기로부터 산소를 섭취하고 있다. 그러나 바깥공기가 항상 적합한 것이 아니어서 눈에 보이지 않는 먼지나 세균이 섞여있기도 하고 또 기온이 너무 낮다든지, 너무 건조하기 때문에, 먼지를 제거하고, 세균을 제거하고, 또는 알맞은 온도나 습도를 조절해 주는 작업을 한다. 이 작업은 코, 인후, 기도가 협력하여 이루어지는 것이다.

기도점막이 충혈되거나 분비액이 많으면 병적인 상태가 되고 반대로 적으면 건조한 헛기침이 나오는 것이다.

이 폐포의 수를 보면 무려 5억~7억개에 이르고 폐포 표면적은 90~120㎡ 정도로 넓다.

6) 순환기 영향: 단전호흡과 순환기

순환기계는 혈액이 신체의 테두리 안을 도는 것이지만 그저 도는 것이 아니라 뚜렷한 목적을 가지고 도는 것이다. 그 목적은 다름 아닌 생체의 모든 세포에서 필요로 하는 물질을 제공하는 일이다.

생명을 가진 모든 것은 모두 이 물질대사를 하고 있으며 그 매개체는 바로 혈액인 것이다. 그리고 혈액을 운반하는 것이 순환계이다. 혈액은 심장, 동맥, 모세혈관, 정맥, 심장 순으로 돌아간다. 심장을 막나온 동맥은 매우 굵직하지만 점점 가늘게 나누어져서 모세혈관이 되고, 모세혈관은 정맥과 맞닿아 결국 동맥과는 반대로 정맥들이 합하여져 심장으로 이어지는 것이다. 이 폐순환은 혈액내의 탄산가스를 줄이고 대신 산소를 공급, 혈액을 깨끗하게 하여 심장을 통해 온몸으로 내보낸다. 심장은 강력한 압력을 생산해낸다. 보통 1분에 60~70회의 비율로 혈액을 내보낸다. 때로는 그것보다 적을 수도 있고 필요에 따라 횟수를 늘리기도 한다. 몸 속기관이나 조직 내의 모세혈관이 물질대사를 하고 나면 탄산가스를 포함한 혈액은 정맥을 통해 심장으로 돌아오지만, 정맥의 압력은 동맥보다 낮으므로 이 약한 정맥의 압력만으로는 정맥내의 혈액이 자연스럽게 심장으로 돌아오지 못하는 현상도 생긴다. 정맥의 혈액이 심장으로 돌아오는데에는 여러 가지 요인이 있는데 그 요인 중하나가 횡격막 운동이다.

7) 비뇨기 영향: 단전호흡과 비뇨기

비뇨기계는 신장, 요관(오줌관), 방광, 요도 순으로 되어있다.

그중에서 신장은 혈액을 깨끗하게 하는 일을 하고 혈액내의 노폐물이나 불필요한 물질을 여과하는 동시에 여과된 수분이나 나트륨을 다시 끌어올리는 일도 한다. 그렇게 여과되고 농축된 노폐물이 오줌이다. 이것이 요관을 지나 방광에 저장되었다가 적당할 때 요도를 지나 배출되는 것이다.

남자의 경우 전립선이 비대해져 오도를 압박하면 방광염이 생기고 배뇨시에 고통을 느낀다. 또 요도에 생긴 결석은 대단한 통증을 일으킨다.

신염(腎炎)이 있으면 혈액을 깨끗이 하는 것을 방해하므로 요독증(오줌이 잘 나오지 못하고 몸 안에 남아있는 현상)을 일으킨나. 또 혈액 내에서 수분을 충분히 여과 하지 못하면 밤에 화장실에 가는 일이 잦다. 또 짠 음식을 많이 먹게 되면 염분이 생체의 필요이상을 넘기 때문에 갈증을 느끼게 된다.

그래서 물을 마셔 염분농도를 낮추는 것이다. 그것은 체액의 삼투압을 막기 위해 수분을 필요로 하는 하나의 생리현상이다. 이때 신장의 활동이 나빠서 여과가 원활하게 되지 않으면 부증(몸이 붓는 현상)이 나타난다. 신장은 좌우에 두개가 있으며 무게는 약 240g 정도이다. 그 무게는 체중에 약 1/200~1/300에 해당되며 심장에서 내보내는 혈액의 1/4를 받아들여 깨끗하게 한다.

신장에는 사구체가 있는데 그곳에서 여과되는 원뇨는 하루에 18ℓ 정도이다. 이 사구체에 이상이 생겨 요소와 요산이 잘 여과되지 못하면 그 휴유증이 온몸으로 퍼진다. 더러운 피가 온몸을 돈다는 뜻이다. 더러운 피가 돌면서 가장 큰 피해를 주는 곳이 뇌이다. 심한 두통이 나고 요독증(대 · 소변을 배출하지 못하는 현상)과 같은 위험한 병이 생긴다.

그 다음은 폐이다. 폐는 약한 호흡을 하므로 혈액내에 있는 탄산가스를 밖으로 내보내지 못해 모든 세포가 활성화되지 못하는 결과가 생긴다. 사구체내에서 여과되는 원료의 양이 하루18ℓ라 하는데 요세관에서 재흡수가 전혀 이루어지지 않으면 결국18ℓ의 오줌이 그대로 배설된다. 한번에 배설하는 오줌의 양을 0.3ℓ 라 가정할 때 하루에 약 60회 정도의 소변을 본다. 그러나 요세관이 정상일 때 하루의 배뇨량이 1.5ℓ 정도가 되며 원뇨의 88%정도는 요세관에서 다시 혈액 속으로 흡수되어 오줌성분이 그만큼 줄어드는 것이다.

그러므로 신장을 위한 단전호흡이 필요한 것이다. 단전호흡을 계속하면 신장의 혈액흐름이 풍부하게 될 뿐 아니라 혈관이 젊음을 찾고 신장의 부작용도 막을 수 있는 것이다.

8) 노이로제: 단전호흡과 노이로제(스트레스)

시대가 변하고 발전하면서 질병의 모습도 변하고 있다.

과거의 전염병은 대부분 자취를 감추고, 현대에 이르러서는 3대 성인병이라 하여 뇌졸중, 암, 심장병이 증가함과 더불어 비만이 새롭게 등장하고 있는 실정이다. 그리고 노이로제(스트레스)또한 무시할 수 없는 질병으로 우리를 괴롭히고 있다.

스트레스는 직접적으로 생명에 위협을 주는 병은 아니지만 그림자 없는 악마처럼 인간을 강타하고 조금씩, 조금씩 그 위세를 보여주고 있다.

예를 들면「내성적인 사람으로 모든 사물의 움직임에 지나치게 과민반응을 보이는 신경쇠약과 위기에 직면해서 생기는 불안이나 공포가 도를 넘으면 강박증상이 되어 노이로제로 연결된다.」또「자기주장을 지나치게 고집해서 객관적인 판단을 내릴 수 없는 사람으로 자기과잉의 유형인 사람은 다른 사람과 화합이 되지 않고 다른 사람을 인정하지 못하여 스트레스가 된다.」

노이로제란 말을 처음 발표한 사람은 한스 세리에 박사이다. 스는 동물실험을 통하여 어떤 동물이건 불안, 공포 등 심리적 긴장상태가 계속되다 보면 부신피질호르몬이 과다 분비되어 호흡이 곤란해지고 위궤양이 더욱 심해진다고 발표를 했다. 현대인은 누구나 종류와 정도의 차이는 있을지라도 무언가에 쫓기고 긴장하는 등 심리적 긴장에 짓눌리기 마련인데 이러한 것들을 어떻게 조절하느냐에 따라서 건강상태가 달라진다고 볼 수 있다.

건강한 삶이란 자신이 살고 있는 지구자전 리듬에 맞추어 사는 생활, 낮에는 열심히 일하고 밤에는 몸과 마음의 긴장을 풀고 휴식을 취하는 생활 습성이다.

이 같은 이론으로 보아 스트레스의 치료법은 불안과 초조를 빨리 해소하는 것이다.

스트레스현상이 생기면 호흡이 거칠어지고, 명치끝이 긴장하여 흉강에 강한 압력을 동반하게 되어 때때로 호흡을 멈추게 되기도 한다. 이때 흉식 호흡을 하게 되는데 가스교환이 느려질 뿐 아니라 혈액순환도 제대로 이루어지지 않아 신체적으로 큰 손해를 보게 되는 것이다. 숨을 멈추어 가슴에 잔뜩 힘이 들어간 초조한 상태에서는 자연히 뇌압이 올라가기 때문에 뇌의 혈액순한에 착란이 생기는 것이 당연하다.

스트레스가 발생하면 생기는 증상으로는 식욕부진, 두통, 무력감, 피로, 발한, 변비, 기억력감퇴, 주의력 산만, 불안 초조, 자신감 결여 등을 들 수 있다.

이 같이 스트레스를 받을 때 가장 효과적인 것이 단전호흡이다. 단전호흡은 흉식호흡으로 인한 얕은 호흡에서 깊은 호흡으로 바뀌어 횡격막의 상하운동이 이루어지고, 폐의 가스교환을 원활히 해주고, 뇌의 혈액순환을 이루어 뇌압을 내려 줄 수 있기 때문이다.

결론을 내리면 사람의 호흡은 마음과 직결되어 있다.

마음이 안정되어 있을 때는 무릎을 벌리고 있으나 마음이 동요될 때는 무릎을 오므리고 가슴을 웅크리고 몸을 움직이면서 호흡을 하게 된다.

흥분할 때는 : 어깨가 올라가고

긴장할 때는 : 몸을 곳곳하게 세우고

화가 나면 : 어깨에 힘을 들어간 상태에서 어깨 숨(흉식호흡)과 아울러 숨을 몰아쉰다.

불만이 있을 때는 : 손에 힘을 주고 눈동자가 흔들린다.

마음이 안정되지 못할 때에는 정상적인 호흡이 불가능하다.

이처럼 호흡과 신체적인 조건 변화는 때와 장소에 구애받지 않고 이루어진다는 것이다. 자신의 습관과 성격개선은 호흡으로 조정할 수 있으며, 腹腔內의 모든 장기를 튼튼하게 하여 건강을 지킬 수도 있고, 더 나아가서는 뇌 호흡으로 정신 건강을 지켜서 노인 때의 가장 무서운 치매를 사전에 예방하게 하고, 자신을 스트레스에서 해방시킬 수 있는 것이 단전호흡이다.

단전호흡은 아침과 저녁 식사 후 2~3시간이 경과한 뒤 편안하고 조용한 분위기에서 자연스럽게 실시하는 것이 매우 좋다.

단전호흡은 인간 본연의 형태 즉 자연적인 모습으로의 환원이라는 측면에서 억지로 꾸미지 말고 모든 사람이 다같이 실시하였으면 한다.

4. 단전호흡의 수련방법과 효능

· 인간의 4가지 호흡법 참조.

·『포박자 : 석체편』을 참조.

· 龍虎秘訣「조선 중종때 學者 북창 鄭磏선생(1506-1549)」
참동계 인용.

『修丹之道는 지극히 간단한 것이다.

그러나 古今으로 배우려는 사람은 입문 방법을 몰라 長生을 얻으려다 도리어 요절(夭折)하는 사람이 많았다.

참동계(參同契) 한편만 하더라도 단학(丹學)의 큰 비중을 차지하는 책이나 천지(天地)의 이치를 참작하고 괘효(卦걸괘, 爻본받을효)에 비교하여 설명하기 때문에 처음배우는 사람에게는 매우 어려운 것이다.

입문에 있어서 쉽게 할 수 있는 것을 몇 자 적으니 처음 시작하는 것은 폐기(閉닫을폐, 氣숨쉴때 나오는 기운)일 뿐이다. (이것은 지극히 간단하고 쉬운 一言之訣이다. 古人은 모두가 이 비법을 쉽사리 밀하러 하지 않았나. 그래서 사람들은 시삭하는 방법을 알지 볏해 氣息에서 修丹하는 줄을 모르고 밖으로 金石에서 長生을 얻으려다 도리어 夭折해 버리니 애석한 일이다.)

閉氣를 하려면, 우선 마음을 차분히 하며 다리를 접어 포개고 단정히 앉는다. (佛書에서 말하는 金剛坐라는 것이다) 이어서 눈꺼풀을 아래로 내려 코를 내려다보고 코는 배꼽을 대한다. 숨을 천천히 들이켜 마신 후 서서히 내쉬며 神氣를 배꼽아래 일촌삼분(一村三분)되는 곳에 집중하여 항상 머물게 한다.(단단히 폐기할 필요는 없다) 참을 수 없게 되면 뜻으로 아래로 내려 보내며, 소변을 볼 때 와 같이하면 소위 말하는 취허뢰손풍(吹噓賴巽風)이 되는 것이다. 그러므로 마음을 차분히 가라앉힐 수 있으면 머리를 숙여 눈은 코를 보고 코는 배꼽에 대하면 氣가 내려가게 된다. 처음 폐기를 하자 가슴이 부듯하거나 찌르는 것 같은 통증, 혹은 뇌명(雷名)이 나면서 내려간다면 모두 기뻐하여야 할 징조인 것이다. 이것은 상부풍사(上部風邪)가 正氣에 몰려 공동(空洞)한데로 흘러들어 가게 되어 전송(傳送)하는 길을 얻게 되는 것이다.

이 후에는 氣가 자연히 평안하여 병이 저절로 사라지게 되는데

이것은 처음에 길이고, 또한 약간의 효험이라고 할 수 있다. 가슴과 배앓이를 자주하는 사람은 더욱 힘을 기울려 하면 효과가 가장 묘한 것이다.

이렇게 근면히 하여 숙련되면 소위 현빈(玄牝 : 음,골짜기빈) 이란 일규(一竅 : 구멍규)를 얻게 되는데 이로써 백규가 모두 트이게 된다.

〈胎息은 竅에서 시작하여 그 일규를 얻으면 수선지도자가 되는 것이다.〉

病을 치료하는데 있어 醫家에서는 병든 후에 하지만 道家에서는 병들기 전에 한다. 그러나 쇠패(衰:쇠할쇠 敗:패할패)한 후에는 아무리 힘을 기울려도 선(仙신선선)의 서열에 들어 갈수 없으니 다시 당부한다.』고 하였다.

5. 丹田 이란 무엇이며 어디인가?

氣를 설명할 때 중심이 되고 또한 빼놓을 수 없는 것이 단전 (丹田)이다.

생명활동의 기본인 정(精정할정)이 모인 힘을 丹이라 하고, 田은 어미 모(母)와 같은 뜻으로「모인다」라는 뜻이 있다.

따라서 이 두 글자의 뜻을 보면 "기운이 모이는 자리"라 는 것을 알 수 있다.

그렇다면 단전의 효능은 무엇이고 어느 위치에 있는 것인가?

東醫學에서나 모든 武藝에서 늘 연구되는 것이 단전이지만 단전

그 자체에 대한 연구는 늘 소외되는 실정이다. 그 이유로는 단전 그 자체는 인정하고 힘의 원천이 단전이라는 자체를 인정하여 추호의 의심도 하지 않기 때문이다.

그러기에 연구의 대부분이 氣자체의 물질성과 임상효과에 대해서만 집중적으로 이루어지므로 정확한 지식으로 체계가 잡혀 있지도 않고, 기와 단전호흡의 핵심을 정확히 알리지 못하고 있어서 수련생들조차 명확한 설명을 못하는 것이 오늘의 현실이다.

1) 단전의 중심

日本에서 발표된 단전에 대한 연구 중 대표적인 것으로 히다식丹田作圖法(그림 27-1)과 야나기다식 丹田作圖法(그림 27-2)을 들 수 있다.

히다식을 설명하면 배꼽을 A, A에 수평인 직선 B, A에서 수직으로 내려온 C직선이 만드는 삼각형 내부에 존재하는 "원"의 중심을 단전의 중심으로 본다는 결론이다.

야나기다식을 보면 제1요추 가시돌기를 A점, 치골 결합부를 B점, 제4요추 가시돌기를 C점, 위 앞장 가시돌기를 D로 하고, 직선 A,B와 C,D가 교차하는 점이 심부단전이란 주장이다.

이 두 가지의 단전작도법을 분석하여 본 결과로는 히다식은 단전이 몸에 중력선(重力線)보다 앞쪽에 위치한다는 비판을 받고 있기도하다. 여기서 중력선이란 몸의 중심선을 말한다.

몸을 상하 좌우로 작도하였을 때 그 중심선이 되는 곳을 우리는 중력선 또는 중심고라고 한다.

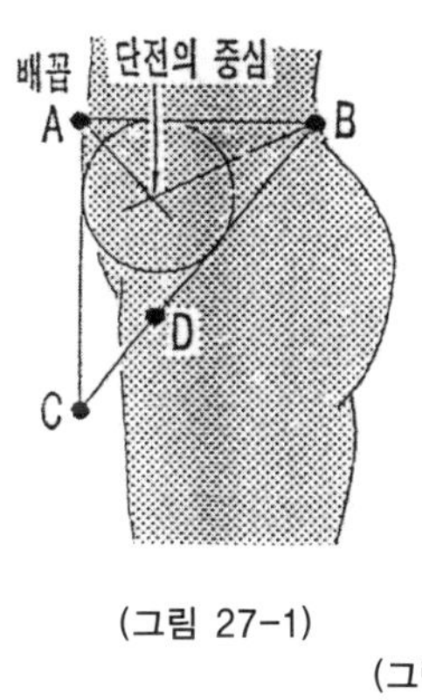

(그림 27-1)

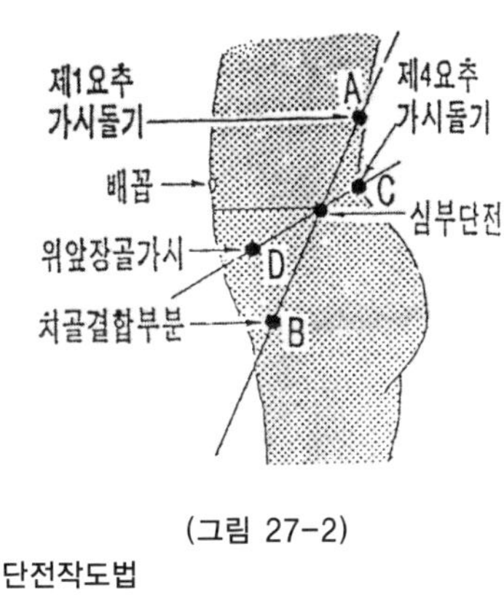

(그림 27-2)

(그림27) 단전작도법

2) 氣의 개념

氣는 東洋권에서만의 개념이 아니고 고대 그리스시대 히포크라테스 이전부터 푸네우마(PUNEUMA)라는 표현으로 관찰되어 왔다. 당시에는 산소와 공기 그리고 영(靈魂)까지를 포함한 신비한 물질로 인식하고, 동양의 氣와 비슷한 개념으로 사용됐다. "인도 지방에서 탄생한 요가에서는 푸라나(PURANA)가 고유 개념인데 이것 역시 기의 개념과 비슷하게 이해되어 왔다.

우리의 문헌인 三一神誥(B.C3897~B.C3804 桓나라 때부터 입으로 전해오던 것을 환웅천왕이 글로 옮겨 적은 우리 고유의 경전)에 氣가 등장한다. 삼일신고에는 지감(止感), 금촉(禁觸), 조식(調息)등 기 수련의 기본지침이 기록되어 있다.

이 삼일신고는 桓國때부터 입으로 전해오던 것을 환웅천왕이 글로 적은 우리의 경전이기에 중국의 皇帝內徑보다 1500년 이상이 앞서는 것이다.

그러나 황제내경은 현존하는 한의학서 가운데서 가장 오래된 체계적이고 기의 대한 의학을 특색으로 하는 경락설(經絡設)과 진단, 치료, 양생 등으로 기록되어 있다.

따라서 氣라는 개념은 한국과 중국에서 가장 광범위하게 사용되어 왔다.

「설문해자」에는 "기는 운기(雲氣)이며 운은 구름이 회전하는 모양을 본 뜬것"이라 해서 "형체는 없지만 양(量)을 잴 수 있는 물질"을 이르는 개념으로 광범위하게 응용되었다.

이 같은 기의 개념이 서구에서 데카르트와 뉴턴 시대를 겪으면서 소위 말하는 과학에 밀려 자취를 감추었던 푸네우마와 푸라나가 근대에 이르러 재평가 되면서 氣(Qi, Qui, Xi. Chi)라는 표기로 다시 등장하고 있다.

그러나 동 · 서양 모두가 기의 정체를 명확히 밝혀내지 못하면서 그 존재는 인정하여 왔으며, 또 생체에 미치는 효능에 대해서는 어느 정도 공감대를 형성하고 있다는 것이다. 허나 의학적인 관점에서 보면 우선 氣의 밭(丹田)에 대한 개념이 확실치 않다.

3) 단전의 위치

흔히 제하단전(臍下丹田)이라는 표현을 쓰면서 배꼽을 기준으로 단전의 위치를 정하는데 문헌에 따라 일정하지 않다.

갈홍의 포박자(抱朴子) 지진편에는 두치네푼(二寸四分丹田中)이라 되어 있다.

일본의 하쿠인 선사(禪師)는 단전을 제하세푼(臍下三分) 기해(氣海)는 한치닷푼이라 했고, 가이바라에겐은 제하 세치로 기록되어 있다. 그리고 문헌마다 한치(一寸), 두지(二寸)등 일정치 않다.

우리나라에서는 문헌상 또는 실제 수행자들의 경험상「배꼽아래 한치닷푼」이라는 개념이 다수를 차지한다. (한치닷푼의 숫자는 약 4.5cm이다. 한자(一尺)가 30.3cm이다. 그러므로 한치는 그 10/1에 해당하므로 3.03cm이다)

단전의 정확한 위치를 알고 단전호흡의 표준화와 효능을 극대화하기 위하여 단전호흡수련을 오래한 사람으로 단전의 위치를 조사한 결과를 보면『조사대상은 최하 27세에서 최고 60세로 평균41.6세이고, 수련 기간은 3년 수련자 1명을 빼고는 모두 6년 이상25년까지로 평균 10.7년 이었다』

그 결과 두 사람은 단전을 점으로 표시했고, 그 중 한사람은 단전이 목벽(腹壁)에 있다고 주장했다(그림 A). 이 두 사람은 단전을 경락(經絡)선상, 혹은 경혈(經穴)로 생각하고 있는 듯 하다.

또 다른 사람들은 단전의 모양은 원통 또는 타원형으로 복벽에서 등 피부까지 연결된다고 주장하였다(그림 B)

또 복벽에서의 단전모양은 원에 가까우나 腹腔內에서는 타원형을 이룬다고 답한 경우도 있다. 그렇다면 결론은 단전이란 크고 작은 공(타원형)모양의「氣덩어리」로 복강내 존재한다고 볼 수 있다.

그러나 위치뿐 아니라 단전호흡시 복부내에서 기의 움직임에 대한 느낌도 서로 다르게 표현하는데 고정된 크기인 불덩어리 혹은 작은 것으로부터 점차 커지는 덩어리로 구름처럼 뭔가 잡히지 않는 느낌, 또는 꿈틀거리는 느낌을 준다는 것이다. 그러므로 단전의 위치를 복벽에 국한시키는 것은 무리가 많고, 복강(腹腔)내부에 있다고 생각하는 것이 타당하며, 여기를 중심으로 기(氣)라는 에너지가 전신에 영향을 미친다고 생각하는 것이 옳은 것 같다.

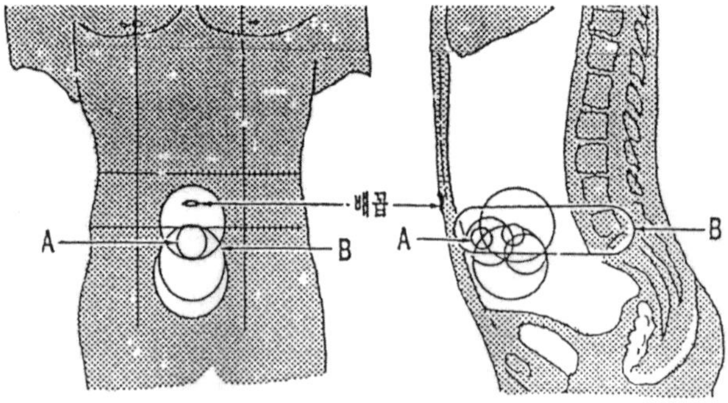

(그림 A) (그림 B)

(그림28) 기(氣)의 형성 가상도

단전이 복강내에 있을 때(횡격막에 대한 설명을 하면 "단전 호흡시 강한 복압이 만들어지기 때문에 복강내 모든 장기의 정맥혈이 심장으로 조여져 올라가면 횡격막은 아래로 내려가고, 동맥혈이 흘러나오는 일이 강력하게 되풀이 되면서 횡격막이 상·하로 운동을 하게됨") 복강내에 존재하는 태양총을 위시한 신경계통과 腸에 직·간접적인 활력소 역할을 하면서 이것이 다시 全身적으로 정신과 신체에 영향을 주기 때문에 단전호흡으로 인한 복부장기 조절이 제2의 뇌를 활성화 시키는 것이라는 것이 타당성을 갖게 한다.

이 같은 연구가 더욱 심도 깊게 이루어져서 氣가 인체의 미치는 영향과 효능이 밝혀져야 할 것이다.

제 7 장 배우는 권법 동작

1. 권법의 효능

권법이란 무예수련에서 단전호흡과 같이 매우 중요한 동작이다. 이 동작 속에는 생성의 법칙이 있고, 더 나아가서는 신체활용법도 있어 무편(武篇)에는 다음과 같이 기록되어 있다.

'권법은 수족을 활동하게 하고 기 · 체(氣 · 體)를 단련시키는 초심자의 기본적 신체 훈련법' 이라 하였다. 그리고 권법에는 수 없이 많은 변화가 내포되어 있으므로 기초부터 명확히 수련하면 그 효용가치가 매우 높다 하였다.

중국이나 대만 · 홍콩을 가보면 공원에서 태극권을 하는 많은 사람들을 보게 된다. 아주 느리고 전혀 힘이 들어가지 않은 동작이 운동의 효용도로 얼마나 있을까 의심을 할 수도 있겠으나 꾸준히 실시한 노인들의 건강을 보면 이해를 할 수 있다.

여기서 논하는 권법이 숙달된 숙련자에게 합당한 고난도의 동작이 아니고 처음 접하는 초보자에게 맞는 동작으로 구성하고자 한다. 이처럼 단순한 초보단계의 동작일지라도 올바르게 숙지하고 꾸준히 익히면 상상밖에 이득을 얻게 될 것이다. 이 동작 동작에는 오묘한 진리가 있는데 끝이 없고, 고요한 것 같으면서도 웅장하다. 또 이 세계를 들어가 보면 그 길이 사방곳곳으로 나 있고, 종 · 횡으로도 뻗어있으며, 힘의 근원도 있고, 의학의 근원도 있으며, 건강의 근원도 있다.

그리고 이 권법동작을 체계적으로 펼치면 자유자재로 움직이는 아름다움과 끊고 이어지는 절도가 있음을 알게 되고, 상대방의 힘을 역이용하는 오묘한 순리도 습득하게 될 것이다.

상대방의 힘을 역이용 할 때는 노도와 같이 몰아붙이고 상대방을 제압할 때는 순리에 순응하는 유연이 필요하다.

이 같은 원리에 맞추어 본 신체훈련론에서도 권법의 원리와 더불어 간단히 익힐 수 있는 동작을 삽입하고 설명하니 한 동작 한 동작 체계적으로 잘 수련하여 무예의 오묘한 그 경지를 느껴보시기 바란다.

1) 권법수련

선행되어야할 자세는 바로서기이다. 두발을 일자로 모아 전방을 향해 바로서고 두 눈은 정기를 담아 정면을 바라본다.

양손은 장(掌)으로 견인하여 단전에 가지런히 댄다. 먼저 왼손을 대고 그 위에 오른손을 포갠다. (우리가 오른손을 陽이라 하여 공격이며 왼손은 陰으로써 방어이다.)

그림① 바로서기

이 동작과 같이 시작하여야 하는 것이 호흡이다.

호흡은 단전(丹田)에 진기(힘)를 모으는 동작 즉 合氣이다.

권법의 동작에서 호흡과 동작이 일치되지 못하면 동작의 힘이 없고 어지럽다하여, 옛날부터 가장 중요시 여겼다.

그 호흡법을 설명하면 ①코로 숨을 들이 마신다. (코를 통하여 몸속에 들어간 숨은 곧 氣로 변한다) ②숨을 멈추고 기를 배에 채운다. ③조용히 숨을 내 뿜는다. 이때 숨소리가 내 귀에 들리지 않도록 한다. (단전호흡을 참조)

그림①의 바로 선 자세에서 왼발을 들어 어깨넓이 두 배 정도로 벌려 騎馬步를 취한다.

동시에 두 손은 단전부위에서 교차하여 掌心이 위를 보도록 한다.

그림② 기마보(騎馬步)

기마보(騎馬勢)에서 시작과 동시에 호흡은 서서히 들숨이다.

騎馬步자세는 설명하면

- 입신중정(立身中正)- 두정부(頭頂部)와 미저골(尾骶骨)이 일직선이 되어야 하고
- 심기심정(心氣沈靜)- 마음을 가라앉히고 호흡을 가다듬어 단전에 심기를 집중시키고 中心이 내려가도록 한다.

이 기마보는 신체의 중심을 아래로 가라앉힐 수 있어 다리의 힘을 기르고 혈기가 위로 뜨거나 호흡이 급하고 짧은 폐단을 막을 수 있다. 그러나 너무 오랜 시간을 수련하면 안 된다. 다리의 힘이 부족한데 시간을 연장하면 동작이 변형되고 머리가 어지러워 그 효과가 반감된다.

이때 사용되는 근육의 서축(舒縮)이 교차하는 속도에 영향을 주어 동작이 둔하여지고 굳어져 둔해지기 때문이다.

양손은 교차상대로 이마 위로 올린다. 이때 동작이 급하거나 서둘러서는 안 된다. 양손으로 진기를 보내어 힘을 가득히 하여 시행하라 이 동작은 단전에 氣를 모으는 동작이다

.그림③-1 두 손 올리기

그림③-2 두 손 벌리기

양손을 날개 짓을 하듯 벌려 몸 측면으로 돌려 내린다. 호흡은 날숨이다.

동시에 무릎도 서서히 45도 가량 굽혀 자세를 낮춘다.

그림④ 두 손 모으기

다시 단전부위에서 두 손을 掌으로 교차하여 장심이 위를 본 상태로 호흡은 들숨에 시작이다. 이때 복강內에는 압력이 30%정도는 차 있는 상태여야 한다.

그림⑤ 재차 두 손 올리기

연이어 두 손을 정수리 위로 올리며 손이 올라가는 속도로 구부렸던 무릎도 서서히 편다. 이때 호흡은 들숨의 끝이다.

이때 입신중정 · 심기심정을 기억하라.

그림⑥ 앞으로 밀기

머리위에서 두 손을 양옆 어깨넓이로 벌려 몸 전면으로 내려서 단전높이에 위치하며 앞으로 민다. 호흡은 날숨이다.

그림⑦ 단전 기 모으기

양손을 뒤집어 장심이 위를 보게 하여 양측허리로 당겨대고 준비자세를 취한다.

그림⑧은 외발서기이다. 외발서기는 무릎을 곧게 펴서 땅을 딛고 다른 한발이 대퇴부와 수평이 되도록 들어올려서 서있는 무릎부위에 살며시 댄다. 이 동작은 정(精)을 길러주어 동작의 완급을 조절하며 중심이 안정되게 한다.

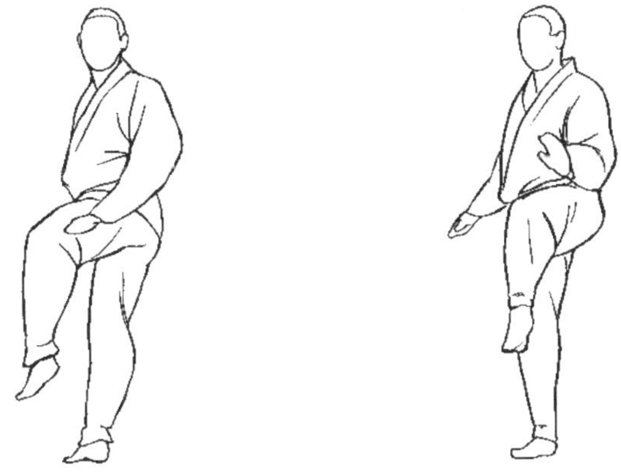

그림⑧ 외발서기

그림⑨는 오른발이 한걸음 앞으로 나아가 자연세를 취하며 걷는 방법의 자세이다. 두 손을 허리에 대고 본인의 보폭으로 앞으로 걷고 뒤로 걸어보라.

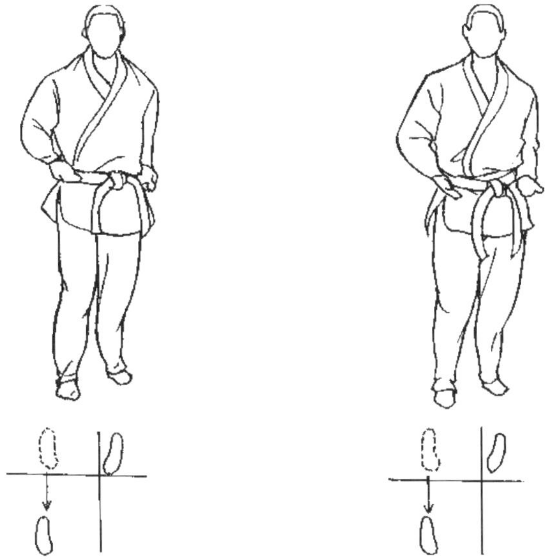

그림⑨ 기본자세

그림⑩-1 ⑩-2동작은 걸으면서 상체를 이용하여 몸의 유연성과 협응력을 기르는 동작이다. 오른손바닥(장심)을 끌어올리며 왼쪽어깨를 쳐올리듯 상단으로 뻗어 올리고 장심을 뒤집어 앞을 향해 상대방을 견제하는 동작을 취하며 동시에 왼손은 왼쪽허리에서 뒤집어 장심이 땅을 향한다. 그림⑩-2는 왼쪽어깨를 쳐올린 후 오른손은 장심을 뒤집어 위를 보며 손칼 모양이 되게 한다. 구분동작으로 세 동작이다.

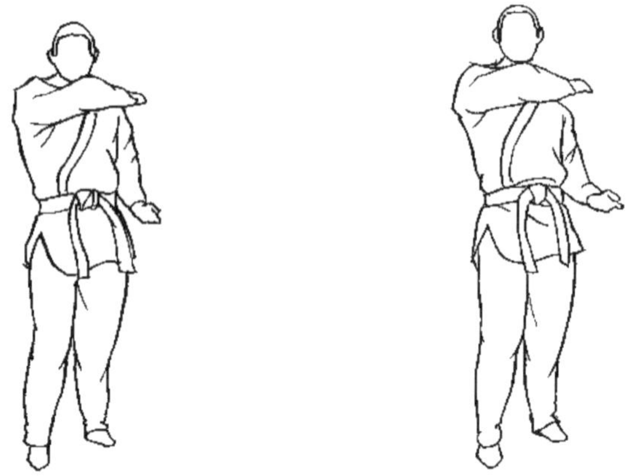

그림⑩-1 쳐내기동작

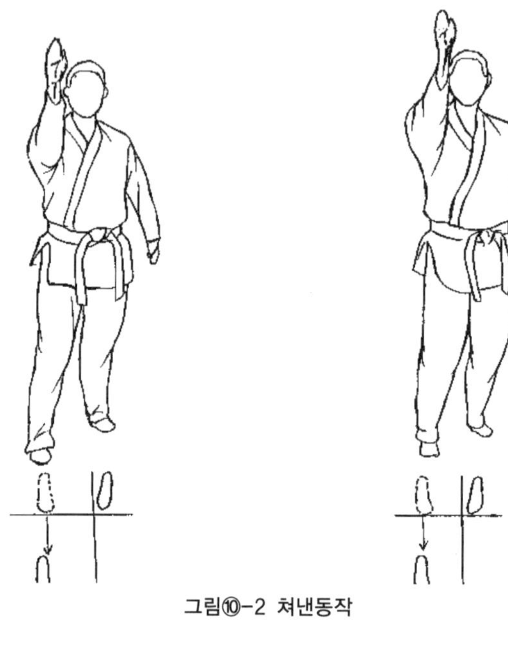

그림⑩-2 쳐낸동작

그림⑪은 바로서기 동작이다.

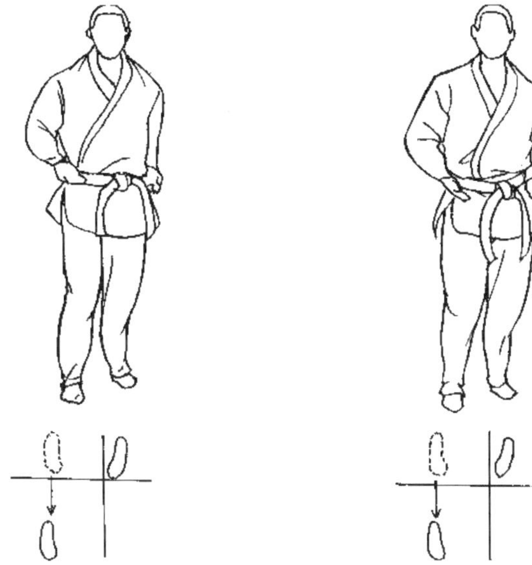

그림⑪ 바로서기

그림⑫-1는 상대의 허점을 각술로서 먹이를 쫓듯 몰며 공격하는 발차기동작이다. 그림⑫-2는 왼발이 앞으로 한걸음 나아가면서오른발로 오른손을 차고, 그림⑫-3은 왼발로 왼손을 치는 동작으로 이어진다.

그림⑫-1 오른발앞차기

그림⑫-2 왼발앞차기

앞으로 나가면서 왼발로 앞차기를 한다.

그림⑫-3 오른발앞차기

앞으로 나가면서 오른발로 앞차기를 한다.

제자리에 선 후 뒤로 돌 수 있도록 준비를 한다.

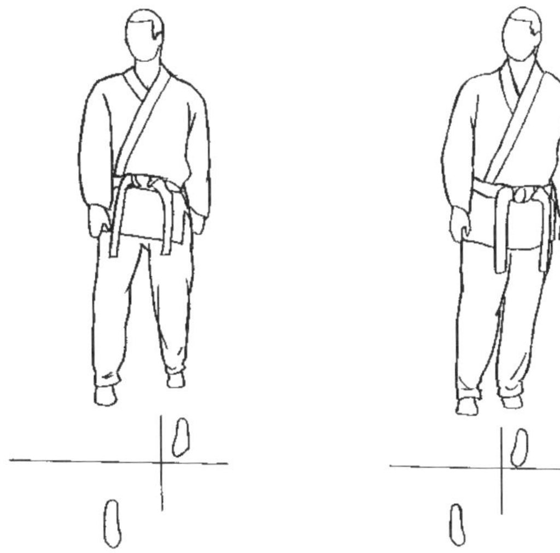

그림⑬-1 제자리서기

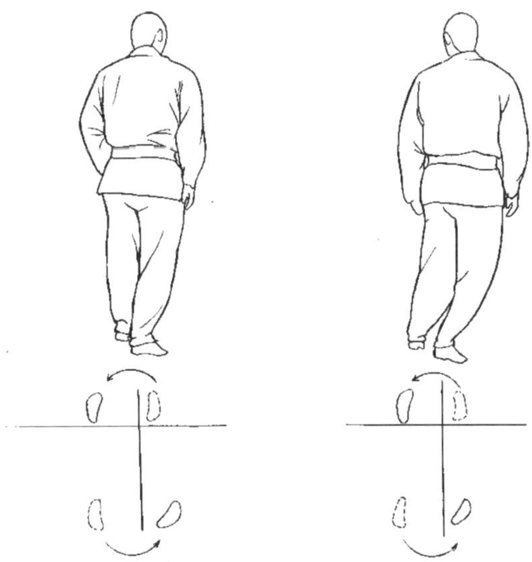

그림⑬-2 되돌아 서기

돌아선 후 다음과 같이 발차기를 한다.

(설명의 이해를 돕기 위하여 앞으로 향함)

그림⑫-1, 그림⑫-2,그림⑫-3은 양발을 연속하여 발차기하는 동작이다.

그림⑬-3은 상대의 허점을 각술로서 먹이를 쫓듯 몰며 공격하는 발차기동작이다. 처음은 왼발이 앞으로 한걸음 나아가면서 오른발로 오른손을 차고, 다음은 왼발로 왼손을 차는 동작으로 이어진다. 연속동작이다.

그림⑬-3 오른발발차기

그림⑭-1은 상대의 주먹으로 공격하는 동작이다. 왼손 왼발이 한걸음 전진하고, 왼손과 오른손을 향해 좌우편을 향해 주먹지르기를 한다.

그림⑭-1 왼손지르기

그림⑭-2 은 좌우 정권으로 연속 정면 상단을 지른 후,
그림⑭-3 은 좌 정권으로 우측90도 방향 상단을 찌른다.

그림⑭-2 오른손지르기

그림⑭-3 측면지르기

그림⑭-4는 왼손 등주먹으로 좌측90도 방향 중단을 횡으로 친 후, 그림⑭-5는 우, 좌 정권을 세워 정면 중단을 지른다,

그림⑭-4 측면지르기

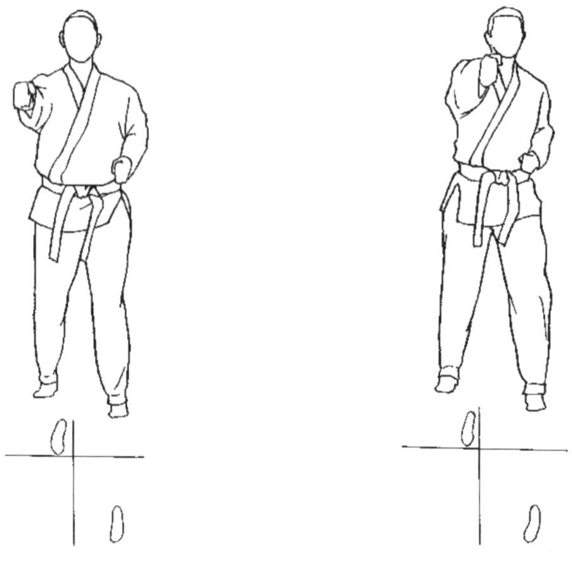

그림⑭-5 정면지르기

그림⑭-5는 우 정권을 세워 정면 중단을 지른 후

⑮ 마무리

두발을 모으고 서서 권법의 동작을 마친다.

그림⑭-4 측면지르기

무예의 권법수련은 심신을 바르고 튼튼하게 하고자 하는 것이다. 지금 현대사회에서 추구하는 것이 心身一元論이라면 무예수련이 적격일 것이다. 우리 모두는 생활의 불안함과 초조함으로 인하여 신체는 경직되어 있다. 이러한 신체를 부드럽고 유연하게 하고 더 나아가서는 마음까지도 여유를 갖게 하는 것, 이것이 무예의 핵심이고 그 핵심으로 나가는 지름길이 권법수련이다.

많은 학자들의 검증결과를 보면 '명상은 무한한 인내심을 길러주고 권법은 몸을 유연하게 하여 준다' 는 것이다. 더욱 중요한 것은 권법의 동작은 경혈을 열어주어 경락이 통하는 길을 소통하게 끔 內氣의 흐름을 촉진하도록 導引하여 준다는 것이다. 이러한 감각을 얻게 하고 더 나아가서는 사용하고자하는 부위로 힘(力)도 導引하여 준다는 것이다. 즉, 氣를 합하는 경지로 이끌어 주는 것이 권 법수련의 핵심이다.

제8장 성인병과 운동

현대사회는 성인병이 급속도로 증가하는 추세이다. 과거에는 암과 같은 병이 제1의 성인병이었으나 지금은 비만으로 오는 합병이 단연 선두이다. 이 같은 현상에서 증가하는 성인병 및 환자의 운동 프로그램이 활성화되고 예방 의학적 차원에서 체계적 운동 방법이 활성화되고 있다.

1. 비만증

비만은 영양 과잉 섭취와 신체활동의 감소로 인해 소비가 되지 않는 원인이 되어 신체에 남아있는 영양분을 말한다.

비만은 과거에는 선진국의 문제로만 여겨져 왔으나 최근에는 국내에서도 비만의 발생 연령층이 점차로 낮아지는 경향을 보이고 있어 이제는 비만 아동이 상당한 숫자에 이르고 있다.

어릴 때 과다 지방을 가진 아이가 성인이 되었을 때 정상 아동에 비해 4배의 지방질을 가지게 된다고 발표하고 있다. 그러므로 비만 아동은 비만 성인이 될 가능성이 크다는 점에서 그 문제의 심각성이 있다.

앞에서도 언급하였지만 비만증은 당뇨병, 고혈압, 암, 간경화, 담석증 등의 질병을 발생시키는 원인이 되고 또한 몸무게로 인하여 관절에 부담을 주므로 골관절염을 빠르게 진행시킨다.

비만의 원인을 살펴보면, 에너지 섭취와 소비의 불균형이 그 첫째 원인이다. 하루의 섭취하는 영양분이 100이라면 소비가 그만큼 이루어져야 하는데 움직임이 매우 적고 운동량도 모자라므로 이것이 지방의 형태로 신체에 남아있게 되는 것이다.

1) 비만증 예방과 처방

비만증은 유전적인 요인과 환경 인자가 부합되어 나타나므로 부모가 비만증일 경우, 특히 비만이 되지 않도록 노력해야 한다. 통계적으로 비만증 환자의 60~80%가 부모 중 한쪽 또는 양쪽에게 비만이 있는 것으로 보고되고 있기 때문이다.

태아의 비만증과 유아기 및 소아기의 비만증도 성인 비만증의 선행 요인으로 중요한 역할을 하기 때문에 이 시기에도 영양과다가 되지 않도록 주의를 시키고 적절한 운동을 하도록 해야 한다.

청소년시기에도 활동 욕구가 충족될 수 있도록 신체활동의 기회를 주어야 하는데 이 시기는 짜여진 시간에 맞추어 몇 개의 학원을 순회하는 정신적으로 매우 고달픈 시기이므로 많은 관심을 기울여야 한다.

이시기에는 육체적으로도 골격과 근육, 체격에 기초가 잡히고, 남녀의 구분이 나타나므로 심리적, 정서적, 사회적인 면에서 균형있는 발달을 꾀할 수 있도록 보살펴야 한다.

30대 후반이나 40대가 되면 경제적 · 사회적으로 안정이 되는 성인들이지만 평상시 일상생활 속에서는 운동과는 멀어진 생활을 하고 있어 몸의 기능이 저하되어 있고, 심장과 폐의 기능이 약해졌으며 더 큰 문제로는 음식인데 고칼로리, 고단백질을 많이 섭취하여 비만을 불러왔고 그 위험 수위가 높아져 40대 후반에서 50대 초반이 가장 위험에 많이 노출되어 있는 실정이다.

비만의 치료에는 간단한 공식이 있다. 즉 에너지 섭취량보다 에너지 소비량을 증가 시키는 것이다.

특히 비만 체질의 사람에게 꼭 필요한 것은 운동이다. 운동을 통하여 몸의 유연성과 심폐지구력을 기르고 군더더기의 살을 빼고, 본인에게 적합한 운동을 선택하여 지속적으로 실시하는 것이 최선이다. 그리고 식이요법과 경우에 따라서는 약물 요법, 수술 요법, 행동 요법 등도 있다.

2) 비만증 운동 프로그램

비만증은 에너지의 섭취와 소모량의 불균형으로 발생하는 현상이기 때문에 총 소비 칼로리가 많은 운동을 유효적절한 강도로 장시간 실시하는 것이 체중조절에 매우 중요하다.

식이요법만으로 체중을 감소시키면 지방 감소는 제대로 이루어지지 않고 오히려 줄어들면 안 되는 근육량만의 손실이 높아지는 위험이 있음을 명심해야 한다. 그러므로 식이요법과 운동요법을 병행하여 실시하면 근육량이 유지되면서 지방량만 감소시킬 수 있기 때문에 운동 능력을 보존할 수 있다.

운동처방은 개인의 기호에 따라 하루에 30분내지 1시간 걷기, 뛰기, 자전거타기, 수영 등을 하되 단시간에 격렬한 운동보다는 서서히 부하가 작은 운동을 단계적으로 하는 것이 효과적이다.

운동량은 1km 달리기, 2km 걷기, 4km 자전거타기, 300m 수영이 거의 동일하며, 성인을 기준으로 할 때 위와 같은 운동은 약 150kcal가 소모된다.

이에 비해 1시간의 보행에선 거의 피로를 느끼지 않고 180kcal를 소비할 수 있고, 1시간의 빨리 걷기인 경우에는 240kcal나 소비된다.

운동은 단시간에 피로해지는 강한 운동은 절대 금물이다. 비만증의 소유자는 심폐지구력과 근육량의 부족으로 과다한 운동은 운동상해만을 불러올 것이기 때문이다. 그러므로 본인에게 알맞은 비교적 가벼운 운동으로 오랜 시간하는 것이 좋다. 그렇다고 무조건 장시간이면 곤란하다.

빠른 속도의 달리기를 15분간 실시하면 보통 사람은 상당히 피로를 느끼는데 이 때 칼로리 소비는 약 150kcal 전후에 지나지 않는다.

건강한 사람을 기준으로 최대근력 수준은 20대 초반에 도달하므로 그 이후에는 규칙적인 신체활동을 통하여 근력 및 지구력을 함께 증가시켜야 한다.

체력의 기본이 되는 근지구력의 증가는 적당한 속도와 함께 반복되는 운동에 의하여 일어나는 것이므로 이를 위한 운동으로는 기구를 이용한 운동이나 다양한 실내 운동을 들 수 있다.

앞에서도 언급하였지만 적당한 운동으로 서서히 혈액의 온도를 높이고(혈액의 온도는 1℃ 상승이 매우 적합함) 최대강도의 약60%의 강도에서 조금씩 강도를 높이는 것이 바람직한 방법이다.

〈표16〉 걷기와 달리기의 비교

구분	걷기	달리기
대 상	제한이 없다. 매일해도 무리가 없다.	무릎에 부담. 심혈관질환자. 비만인. 관절염. 골다공증 환자 등에게는 무리
특 성	과정 지향적: 친교, 사색등 정신적인 활동가능. 언제든지 시작가능. 일상생활의 연장선.	목적 지향적: 운동효과 그 자체에 매달림. 일상생활과 유리됨.
에너지 소모량	저 강도 장시간운동: 30분 이상 걸으면 에너지 소모량이 크다. 지방이 소모되기 시작하여 살이 빠진다.	갑자기 시작하기 어려움. 고강도 단시간운동: 10분 이내에서 달리기. 탄수화물만 소모 되고 피로 쌓임.
장 소	어디에서나 가능	도로 사정 감안
자기 체중 부담	걷기 충격은 자기 체중의 1.5배. 무릎관절에만 부담.	자기 체중의 3~4배 충격. 다리와 허리에도 부담이 됨.
다양성	도심속 산책, 테마별 걷기 가능.	마라톤 등 단순 완주형.

일상생활 중에 걷는 시간을 될 수 있는 대로 많이 함으로서 상당히 많은 에너지를 소비할 수 있고 신체의 무리도 최소로 줄일 수 있음을 〈표16〉(걷기와 달리기의 비교)를 통하여서도 알 수 있다.

그러나 운동만으로 하루에 500kcal이상 소비하는 것은 매우 어려운 일이다. 60kg의 청년의 보행이라면 (5.4km/h, RPM 3.3)이라면 152분(11.3km)이상 걸어야 하기 때문이다. 성인의 남자가 1분동안 약 80m의 속도로 30분간 걷는 경우에 소비되는 에너지 량은80kcal 가 된다.

즉, 강한 운동보다 강도가 약한 운동을 하면 지방(脂肪)이 많이 소비된다.

〈표17〉 16주 걷기 운동 프로그램

운동단계(주)	운동시간(분)	목표심박수(%)	운동 빈도(회/주)
1~2	35	60	5
3~4	50	70	6
5~6	45	80	6
7~8	50	80	6
9~10	60	80	6
11~12	70	70	6
13~14	60	70	6
15~16	70	80	6

2. 고지혈증

고지혈증은 특별한 증상은 없으나 매우 심각하여 동맥경화를 유발 및 촉진시키는 중요한 요인이고 허혈성 심장 질환의 주요 위험 인자이다. 고지혈증은 꾸준한 운동과 철저한 식이요법과 적절한 약물 요법을 병행하여야만 성공적으로 치료할 수 있는 것은 상당한 정도의 증상이고, 대다수는 약물치료 없이도 식이 요법과 운동 요법만으로도 치료할 수 있다.

앞에서도 언급하였지만 심한 고지혈증의 경우 비 약물 요법은 많은 어려움이 따른다. 약물요법의 경우 최소한 2~6개월의 식이요법과 운동 요법 후에 실시하는데, 이러한 일반 요법은 꾸준한 노력과 인내가 없으면 곤란하다. 최근 고지혈증의 치료 목표를 혈청 콜레스테롤치와 중성 지방치를 200mg/dl 이하로 정하고 있는데 이는수치를 넘을 경우 순환기 질환의 발병 위험이 급격히 증가하고있다.

1) 중성지방의 정체

(탄수화물 · 알코올이 중성지방 "펌프질") 한국인이 지방(脂肪:기

름지방)으로 세계1위, 반가운 뉴스는 아니지만 이 소식에 의아해 하는 사람이 많을 것이다. 하지만 이런 반응도 무리는 아니다. 미국에선 하루 섭취열량의 30% 이하를 지방에서 얻자는 캠페인이 수십 년째 진행 중이다. 이에 비해 한국인은 아직도 전체열량의 20%안팎을 지방을 통하여 얻고 있을 뿐이다. 그런데 왜 우리의 혈중 지방 함량이 西歐를 앞설까? 그 해답은 중성지방에 있다. 중성지방의 경우 서구인의 평균치가 혈액1dl당 70mg내외인데 비해 한국인은 120mg의 달한다는 것, 우리 국민의 중성지방 수치가 특별히 높은 이유와 그 대처법을 보면 다음과 같다.

〈표18〉혈중 지방 · 콜레스테롤의 위험치

종 류	정상치(mg/dl)	위험수준(mg/dl)
중성지방	120미만	150~200이상
LDL콜레스테롤	130미만	160이상
총 콜레스테롤	200미만	240이상

▶ 중성지방 수치 왜 높은가?

총 콜레스테롤 수치는 돼지고기 · 닭고기 · 쇠고기 · 식용유 · 버터 · 튀긴음식 등 지방(특히 포화지방)함량이 높은 식품을 즐기는 사람에게서 높다. 이는 중성지방도 마찬가지이다.

중성지방은 여기에 덧붙여 탄수화물이 풍부한 식품과 술(알코올)을 통해서 올라간다. 탄수화물이나 알코올을 섭취하면 체내에서 생성하는 효소가 증가하기 때문이다.

우리 국민의 에너지 공급원 1위는 쌀(1인당 하루평균 2.2공기), 2위 라면, 3위 돼지고기, 6위 소주(하루 한 잔정도)였다. 이 중 쌀 · 라면은 탄수화물이며, 돼지고기는 포화지방, 소주는 알코올의 공급원이다. 모두 중성지방 수치를 올리는데 기여한다.

우리 국민의 유전적 원인도 중성지방을 높이는데 관여하는 것으로 전문가들은 추정한다. 이 결과 우리나라 성인 세 명중 한 명꼴로 중성지방 수치가 1dl당 150mg이다.

세계보건기구(WHO)와 미국심장학회(AHA)가 정한 “요주의” 대상에 속하는 것이다.

▶ 중성지방 수치가 올라가면?

중성지방 수치가 높으면 동맥경화의 위험이 높아진다. 중성지방이 혈관건강에 해로운 콜레스테롤(LDL콜레스테롤)의 생성을 돕고, 이로운 콜레스테롤(HDL콜레스테롤)의 분해를 촉진하기 때문이다. 중성지방이 LDL콜레스테롤을 "악당"에서 "악마"로 바꾼다는 비유도 있다.

따라서 중성지방 수치가 높으면 심장병 · 뇌졸중 등 혈관질환이 발생하지 않도록 조심해야 한다. 당뇨병 환자라면 더욱 세심한 주의가 필요하다. 당뇨병 환자 사망원인의 75%가 심근경색인데 이 병을 일으키는 2대 위험 요소가 중성지방과 콜레스테롤이기 때문이다.

당뇨병 환자들은 대체로 중성지방 수치가 높다. 간에서 중성지방이 만들어지는 것을 억제하지 못하기 때문이다.

▶▶ 중성지방을 낮추는 법! 「1dl (deciliter 1/10리터)」

중성지방 수치가 1dl당 150~200mg인 사람들은 먼저 식생활 개선요법에 들어가야 한다.

첫째, 육류 껍질 부위와 지방이 많은 부위 · 식물성 식용유 · 버터가 많이 든 케이크 · 치즈 · 머핀 등은 되도록 먹지 않는 게 현명하다. 요리는 음식재료를 튀기거나 볶기보다는 찌거나 삶거나 구워먹는 것이 좋다.

둘째, 모든 술이 중성지방 수치를 높이는 일등공신임을 깨달아서 절주를 하여야 한다. 술과 함께 먹는 삼겹살 · 닭날개 튀김 · 순대 · 곱창 등 기름진 안주가 중성지방 수치를 크게 올린다는 사실도 함께 기억하여야 한다.

셋째, 다이어트와 유산소 운동으로 체중감량에 적극 나서자. 그

래야 중성지방의 저장고인 뱃살을 줄일 수 있다. 우리나라 성인의 20%가 중성지방 수치가 1dl당 200mg이상(高중성지방혈증의 진단기준) 이다. 이런 “高위험” 집단과 당뇨병 · 심장병 환자이면서 중성지방 수치가 상당히 높은 사람은 약을 복용하는 것이 상책이다.

식사 개선요법을 3~6개월 받고도 효과를 보지 못한 사람도 마찬가지이다. 중성지방 수치를 낮추는 약으로 현재 피브릭산 · 나이아신 · 오메가-3지방(오마코)등 세 가지가 나와 있다.

모두 의사의 처방을 받아야 하는 전문약이다. 이중 나이아신은 중성지방을 낮추고, HDL콜레스테롤을 높여준다. 오마코는 건강기능식품으로 판매되는 오메가-3지방과 같은 성분이나 순도가 훨씬 높은 것이다.

〈표19〉 한국인의 고 중성지방혈중 유병률

연령	10대	20대	30대	40대	50대	60대	70대이상
전체	3.5%	9%	13%	18.9%	22.2%	17.1%	13.9%
남자	5.2%	14.5%	20.7%	28.4%	28.4%	18.1%	13%
여자	1.5%	3.2%	4.8%	9.2%	16.2%	16.3%	14.54%

중성지방이란? 우리 몸 안의 지방은 총 콜레스테롤(LDL 콜레스테롤+HDL 콜레스테롤)과 중성지방으로 구성된다. 식품에 든 지방(포화지방=동물성 지방, 불포화지방=식물성지방과 생선지방)과는 다른 개념이다. 중성지방은 뇌 외의 다른 기관의 중요한 에너지원으로 쓰인다(뇌의 에너지원은 탄수화물). 중성지방이 저장돼 있는 “저수지”는 뱃살이다.

따라서 뱃살이 많아지면 중성지방의 수치가 올라간다.

2) 고지혈증 운동 프로그램

고지혈증의 환자에게 적용되는 운동의 원칙은 근본적으로는 건강한 사람에게 적용하는 것과 큰 차이가 없다. 고지혈증 환자의 운동 프로그램은 다음 사항을 고려하여 작성함이 좋다. 연령, 성별, 비만도, 심장과 혈관의 상태, 정형외과적 관계, 개인적인 취미 등이다.

덧붙이면 지속적인 운동프로그램이어야 하고, 일주일에 3번 이상 계획하여 실시하는 것이 바람직하다.

① 운동의 종류

운동의 종류로는 걷기, 등산, 자전거타기, 조깅, 수영 등으로 규칙적이고, 점증적으로 실시하는 유산소적 지구성 운동이 적합하며, 상대방과 신체적 접촉이 격렬한 운동은 삼가는 것이 좋다.

② 운동 강도

운동의 강도는 자신의 최대 심박수의 60~80% 수준으로 결정하며 심박수 측정이 곤란한 경우에는 약간 힘들다고 느끼는 강도나 호흡 곤란을 느끼지 않으면서 상대방과 알아들을 수 있게 이야기할 정도의 강도로 한다.

주로 앉아서 생활을 많이 하고 있는 사람들은 관절과 근육의 상해를 피하기 위해 운동의 강도를 점차적으로 증진한다.

③ 운동시간 및 빈도

운동 시간은 실시하는 운동의 강도에 따라 하루에 약 15~45분정도로 하고 일주일에 3~5일 이 적당하다. 운동 전 후에는 반드시 준비운동과 정리운동을 10분 정도 실시한다.

이처럼 운동을 하는 기간에도 저지방식 식이 요법을 병행해야 하며, 특히 담배, 커피 등과 같은 기호품에 대한 통제에 대해서는 각별한 주의가 요구된다.

3. 고혈압

고혈압(hypertension)은 당뇨병과 함께 가장 많이 발생하는 성인병으로, 신체적인 이상적 수준에서 볼 때, 혈압이 만성적으로 상승되어 높은 혈압 상태로 있는 것에 대한 용어이다. 다시 말하면 혈압은 심장에서 피를 뿜어 낼 때 동맥의 측면에서 받는 압력을 말하며 1회 심박출량과 말초 혈관저항에 의하여 결정된다. 심박출량은 심장의 수축력 강약에 의하여 결정되며 말초저항은 세동맥의 수축에 의한 저항에 따라 결정되는데 이들은 수시로 변하기 때문에 혈압은 순간순간 변한다.

또 혈압은 주로 체격과 매우 높은 상관성을 갖고 있기 때문에 어린이나 사춘기 청소년들은 성인들보다 낮은혈압을 보이므로 이들에 대한 고혈압판정은 어렵다. (임상학적으로 나이층에 고혈압은 자기 나이대의 90~95%이상의 혈압을 정의한다)

고혈압은 정상혈압보다 좌심실에서 혈액이 방출될 때 큰 저항을 받기 때문에 심장이 더 큰 부담을 느끼게 된다. 그로 인해 동맥, 세동맥에 높은 압력을 받게 된다. 이러한 고혈압은 혈압이 높다는 그 하나만으로도 매우 위험한 요인이지만 뇌졸중, 심부전증, 신부전증, 심장발작, 동맥경화 등의 합병증을 유발하며 만성적으로 이어지면 완치가 어려운 질병이기 때문에 예방이 매우 중요하다.

1) 고혈압 예방과 처방

혈압은 여러 가지 인자의 영향으로 변화하며, 그 중에서도 물리적인 요인으로 다음의 다섯 가지를 들 수 있다.

① 심장에서 박출되는 혈액량
② 혈액량의 변화
③ 혈관의 변화(동맥경화)
④ 혈액의 점도
⑤ 말초 혈관의 저항

특히 신장 세동맥의 경화는 이러한 다섯 가지 물리적인 요인은 물론 각종 호르몬이나 호르몬성 물질에 영향을 받으며, 스트레스를 받는다거나 과다 흡연, 많은 염분 등을 섭취하는 등 일상생활 그 자체가 이에 큰 영향을 주게 된다.

운동은 직·간접적으로 영양 및 대사적 변화를 일으켜서 혈압에 영향을 미치는데 고혈압의 혈압감소 기전은 운동 강도에 따라 약간의 차이가 발생한다. 그러나 운동은 결론적으로 혈압을 떨어뜨리는 효과가 있는 것이 확실하다. 혈압 상승은 심박출량의 증가 또는 총말초저항 증가의 복합적인 작용으로 발생하는 것인데, 운동은 혈관을 확장시키는 프로스타글라딘 E(prostaglandin E)의 증가, 이뇨작용을 하는 도파민(dopamine)의 증가로 순환 혈장량 및 심박출량의 감소, 타우린(taurine)의 증가로 혈장 노에피네프린(norepine hrine)이 감소, 말초혈관저항이 저하하는 등의 여러가지 작용들에 의하여 혈압이 감소하게 된다.

2) 고혈압 운동 프로그램

고혈압 환자들에 대한 운동처방은 허혈성 심질환, 심부전증, 뇌졸중, 심장발작 등의 합병증이 있는 환자들을 원칙적으로 제외하며, 확장기 혈압이 105mmHg 이하의 경우, 운동전의 혈장 노에피네프린의 농도가 높은 경우, 심박출량이 많고 말초혈관 저항이 작으며 혈청 Na/K 비율이 높은 경우의 환자들에게 운동처방이 효과적이다.

고혈압환자들에게는 일반적으로 걷기나 조깅과 같은 動的이며 전신적 운동인 유산소적 운동을 권장하며, 이러한 운동들은 확장기 혈압을 떨어뜨리는 효과가 있다. 하지만 중량 운동은 靜的이고 등척성(isometric)운동은 운동중의 확장기 혈압이 상승함으로 제한하는 것이 좋다. 또한 유산소운동에 있어서 운동 강도는 심혈관계에 스트레스를 가하므로 고혈압환자에게는 매우 중요한 요소이다.

미국 대학 스포츠의학회(ACSM, 1995)는 고혈압환자에게 건강인 과 비교해 더 낮은 운동강도를 제시했으며 40~70%VO2max 의 범위를 제시하고 있다. 이러한 범위 내에서 환자의 상태를 고려해 운동 강도를 조정하는 것이 필요하며 운동시 수축기혈압이 200mmHg 이상 올라가는 강도 높은 운동은 위험함으로 금지한다.

고혈압을 위한 8가지 포인트

point 1, 과체중 줄이기.

point 2, 알코올섭취 가급적 삼가하기.

point 3, 유산소운동 최소30분하기.

point 4, 소금을 일일 6g이내 섭취하기.

point 5, 식이 칼슘 충분섭취.

point 6, 칼슘 마그네슘 충분섭취 하기.

point 7, 금연. point 8, 콜레스테롤 적은 음식섭취.

※ 확장기 혈압(SYSTOLIC mmHg) 『혈압은 출렁이는 바다와 같아서 한시도 고정이 되어 있지 못하다.』

※ 수축기 혈압(DIASTOLIC mmHg)

4. 당뇨병

당뇨병(diabetes mellitus)은 인슐린의 분비량이 부족하거나 인슐린의 작용 및 기능이 제대로 이루어지지 않을 때 나타나는 질병이다.

다시 말하면 당뇨병은 대사성 질환으로 혈당 조절을 관여하는 인슐린의 분비량 또는 그 작용에 이상이 있기 때문에 발생하는 것이다. 그러므로 당과 지방의 정상적인 대사가 장애를 받아 高혈당과 糖尿(엿당, 오줌뇨)를 일으키고 때에 따라서는 혼수상태(당뇨병성 혼수)에 빠지기도 한다.

만성적인 당뇨병은 신경, 망막, 신장 장애와 관상동맥 질환, 고혈압, 말초혈관질환, 임신 중독증과 같은 많은 합병증을 일으킬 수도 있다.

당뇨병의 증상은 심한 갈증, 배뇨횟수의 증가, 권태감 등이 나타나면서 과도한 공복 현상에 의해 아무리 음식을 섭취해도 배가 고프며 갑작스런 체중감소가 수반되기도 한다. 또한 발이 저리거나 부종 현상이 나타난다.

1) 당뇨병 예방과 처방

당뇨병의 진단은 일반적으로 혈중 글루코스 농도의 측정으로 가능하다. 또는 소변에서 검출되는 당으로도 알 수 있다. 혈중 글루코스 농도가 평소 200mg/dl (정맥혈장) 이상, 공복시 140mg/dl 이상일 때 당뇨병으로 진단된다.

당뇨병(diabetes mellitus)은 인슐린의 분비량이 부족하거나 인슐린의 작용 및 기능이 제대로 이루어지지 않을 때 나타나는 질병이다. 당뇨관리의 궁극적 목표는 환자의 대사를 회복시켜서 가능한 정상적인 생활방식으로 회복시키는데 있다. 이러한 당뇨병의 치료에는 인슐린에 의한 약물요법, 식이요법, 운동요법 등으로 혈당치의 개선을 가져올 수 있다. 일반적으로 표준 체중을 계산하여 이표준 체중 1kg당 노동의 정도에 따라 25~40kcal로 1일 칼로리 양을 결정하고, 영양의 균형을 고려해서 식사 내용을 정하는 것이 매우 바람직하다.

2) 당뇨병 운동 프로그램

운동 자체가 환자의 육체적, 심리적 부담이 될 수 있는 종목은 피해야 한다. 운동을 통하여 즐거움을 얻고 더 나아가서는 근력의 초점을 맞춘 국소적인 운동보다는 전신의 움직임을 유도하는 운동으로써 심폐기능을 향상시키며, 적절한 에너지를 소모할 수 있는 운동종목이 좋다.

특정의 운동종목을 실시하는 것이 아니라 일상생활에서의 육체적 활동을 응용하는 산책, 걷기, 조깅, 자전거타기, 수영, 체조, 계단오르내리기, 가벼운 등산 구기종목 등이 바람직하다.

운동은 여러 가지 복합적인 영향을 주어서 혈당인 글루코스를 조절하게 된다.

즉 운동은 근육에서의 인슐린 감수성을 증가시키고, 간에서의 글루코카이네이즈(glucokinase)와 인슐린 분비를 감소시킨다. 이러한 운동의 효과와 당뇨병과의 관계를 보면 다음과 같다.

㉠ 인슐린 수용체의 변화

분자량이 약 430,000정도인 4량체(tetramer)의 구조인 인슐린 수용체의 수와 친화력은 인슐린과 다른 호르몬, 음식 또는 운동에 의하여 영향을 받는데 운동을 하면 인슐린에 대한 수용체의 감수성이 높아지고 수용체의 수가 증가한다.

특히 NIDDM(제2형 당뇨, Non Insulin Dependent Diabetes Mellitus:인슐린 비의존성 당뇨)은 IDDM(제1형 당뇨, Insulin Dependent Diabetes Mellitus:인슐린의존성 당뇨)보다 운동요법의 효과가 크게 나타난다.

그 이유는 NIDDM은 수용체의 감수성저하가 원인인 질환으로 운동은 저하된 감수성을 높여주는 역할을 하므로 NIDDM의 병이 개선되기 때문이다. 하지만 IDDM은 인슐린 분비 능력의 저하가 원인이기 때문에 수용체의 감수성이 향상되더라도 질병의 개선에는 도움이 되지 않는다. 그리고 인슐린 수용체의 수가 증가하면 각 수용체의 감수성이 좋지 않더라도 많은 수용체에 의하여 더 많은 인슐린이 결합하므로 당뇨병이 개선될 수 있다.

ⓛ 인슐린 필요량의 변화

운동이 글루코스-인슐린 관계를 개선시키는 기전에 대해 살펴보면 지구성 유산소운동으로 최대산소섭취량이 증가된 것과 비례하여 세포내 인슐린 수용체의 감수성 향상과 수적인 증가를 비롯해서 혈중 인슐린 농도의 감소가 나타나게 된다. 이러한 인슐린 농도의 감소가 발생하지만 함께 발생하는 인슐린 수용체의 질적, 양적인 향상으로 혈당조절을 더 예민하게 할 수 있다.

그러므로 당뇨병 환자에 대한 운동처방은 당뇨병의 종류, 합병증의 유무와 정도, 비만도, 체력수준, 운동경험, 식사요법의 수행상태 등에 따라서 운동처방이 설계되어야 한다.

IDDM 환자는 운동 중과 후에 저혈당에 빠지기 쉬운데, 이는 조직에서 이용한 만큼 당은 간에서 유리하지 못하기 때문에 나타나지 못하는 것이다. IDDM환자들의 대부분은 혈당조절 능력이 운동으로 조절되지 않더라도 이러한 환자들에게 운동은 잠재적인 위험으로부터 벗어나는 유익함을 제공한다. 예를 들면, IDDM 환자들은 관상동맥질환에 걸릴 위험성이 2~3배 높기 때문에 운동은 이러한 위험을줄이는데 큰 도움이 된다. 그러므로 경증의 IDDM 환자들은 혈당수준을 적절히 조절할 수 있다면 신체활동을 제한하지 않아도 된다. 하지만 이들은 운동시에 저혈당에 빠지지 않기 위해서 중간 정도의 강도로 운동 때마다 탄수화물(15~30g)을 섭취하거나 장시간 운동 후에는 천천히 흡수되는 탄수화물 간식을 섭취하거나, 인슐린 복용량을 구체적, 장기적인 계획을 세워 줄여나가는 것도 저혈당에 빠지지 않기 위한 좋은 방법이다. 이 외에도 저혈당으로 인한 쇼크를 없애기 위한 방법들을 전문가와 상담해서 찾는 것이 필요하다. 그리고 NIDDM 환자들의 경우에는 공복시 혈당이 160mg/dl 이하, 식사 후 혈당 250mg/dl 이하인 환자들을 대상으로 했을 때 식이조절을 병행한 운동을 실시하는 것이 가장 효과적이며, 합병증이 없는 경우에는 공복시 160mg/dl 이하까지도 약물을 쓰지 않고도 식이요법과 운동요법으로 조절할 수 있다. 하지만 합병증이 있을 경우에는 운동으로 인하여 더욱 악화될 수도 있으므로 운동요법을 신중히 고려해서 결정해야 한다.

5. 호흡기 질환

만성 폐쇄형 폐질환은 호흡기 질환의 원인이 되는 폐질환이나 심장질환 없이 기도 폐쇄가 발생하여 기류의 속도가 감소하는 질환군을 말하며, 폐기종과 만성 기관지염이 대표적인 질환이다.

폐기종은 병리학적 진단으로 말세단 기관지 이하의 폐포들이 비정상적으로 늘어나고, 폐포 격벽이 파기된 상태를 의미하며, 만성 기관지염은 임상적으로 가래의 배출을 동반한 기침이 1년에 3개월 이상 계속되고 2년 이상 연속될 때를 말한다.

1) 호흡기 질환의 예방과 처방

폐기종은 크게 호흡기관지 주위가 주로 파괴된 중심소엽성과 전

소엽을 파괴하는 범 소엽성의 두 가지로 나눌 수 있으며, 폐기종은 세기관지가 약해지고 폐포의 지주 능력이 없어지므로 호기성이 함몰되어서 기류의 폐쇄를 일으킨다.

따라서 폐 탄력성이 감소하고 폐용적이 증가하며 확산능력이 감소하나 폐포와 함께 모세혈관이 손상을 받으므로 환기 · 관류 장애는 적은 것이 특징이다. 한편 만성 기관지염은 세기관의 염증으로 기관지 점막의 종창 및 섬유성 염증 반응으로 좁아지게 되며 배상세포와 점막하선에서의 점액 분비의 항진으로 기도 폐쇄가 발생하나 혈관계에는 영향이 없는 환기 · 관류 장애가 심해져서 혈중 이산화탄소 분압(PCO2)이 증가하고 폐성심에 빠지게 된다.

호흡기 질환의 치료에는 대중요법과 기관지 확장요법이 사용된다. 대중요법으로는 흡연을 중지해야하며, 호흡기 감염을 예방하고 감염이 되면 정도가 심하지 않더라도 안정을 취하고 충분한 수분섭취를 하여 악화를 막아야 한다.

2) 호흡기 질환 운동 프로그램

만성 기관지염, 폐섬유증, 기관지 확장증 등과 같은 만성 호흡기 질환이 있을 경우 운동부하가 주어지면 그 증상이 악화되어 호흡곤란, 호흡불안 등이 증상으로 나타나고 천식으로까지 발전될 수 있다. 그러나 이러한 증상이 나타난다고 하여 운동을 피하게 되면 호흡근이 폐용성 위축에 걸려 병세가 더욱 악화될 수 있다. 따라서 안정상태에서 일상의 호흡운동을 행하는 경우에 기도 질환의 치료와 병행하여 호흡근의 강화를 꾀하여야 한다.

만성 호흡기 질환에 대한 운동 프로그램은 제6장 '단전호흡'을 참조하여 실시하면 큰 효과를 볼 수 있다. 단전호흡은 호흡기능을 향상시키기 위한 호흡근의 단련 수단인 복식 호흡이 병행됨으로 그 효과를 극대화시킬 수 있음을 상기하시기 바란다.

만성 기관지 질환의 운동프로그램은 입을 다물면서 호흡하는 훈련이 필요하므로 보행 또는 전신 지구성 운동 시 코로 호흡을 하는 훈련이 필요하다.

제 9 장 스포츠 상해 종류

1. 스포츠 상해

스포츠는 생활에 활력을 주고 삶의 의욕을 강하게 하여 무슨 일이든지 할 수 있다는 긍정적인 태도형성을 제공한다. 아울러 스포츠는 신체적인 체력 향상을 가져오는 동시에 정신적인 면으로도 그 효과가 커서 여러 가지 스트레스의 해소, 타인과의 커뮤니케이션 수단으로서 많은 도움이 되고 있다. 이것이 스포츠를 통하여 얻어진 긍정적인면을 스포츠의 효과라고 부른다. 그러나 이 같은 의욕만으로 스포츠의 임할 때에 몸의 이상이 생기거나 스포츠를 행하기에 부적합한 상태 즉 상해를 가져올 수 있다. 앞서는 의욕만으로 사전에 준비 운동 없이 급격한 강한 운동을 실시하게 되면 심장을 비롯하여 온 몸의 모든 기능이 치명적인 부담을 가지게 되고 더 이상 스포츠를 행할 수 없게 되는 상해를 입게 된다.

외상은 단지 1회의 강한 힘에 의하여 생기는 신체의 이상이고, 염좌, 탈구, 골절 등이 생기는 것이며, 외력의 크기, 방향, 움직이는 부위, 관절의 지위 등에 따라서 증상과 환부가 다르게 나타난다.

장애는 외상에 비하여 한번에 가해진 외력은 작지만, 같은 부위에 몇 번이고 반복되는 외력이 가해져서 생긴 반응이고, 일종의 과사용 증후군이다.

이것은 원인 불명의 허리통, 무릎통, 어깨통 등 과사용된 부위에 통증을 동반하여 발생하는 것이 특징이다. 그리고 뼈에 반복하여 작용할 때는 피로 골절이 생긴다. 그러나 이 같은 모든 것을 구별하여 부를 수 없으므로 이 모든 것은 합하여 스포츠 상해라고 부른다.

1) 스포츠 상해의 통계

스포츠 종목별에 따라 자주 발생하는 외상과 장애에 대한 통계를 보면 스키가 17%로 가장 많고, 이중 하퇴골 골절(21.2%), 무릎관절부 염좌(16.8%), 족관절부 염좌(12.3%), 족관절부 골절(5.6%), 슬내장(膝內障)(4.5%)이 많이 나타나며 거의 대부분이 하지에 발생하였다.

야구는 13.4%이고, 축구는 4.5%이며, 럭비는 4.3%, 배구는 7%로 나타났다.

권투와 태권도는 맞거나 차이거나, 또는 때리거나 차는 것에 의한 손가락, 발가락의 외상이 많다. 〈표20〉에서는 앞에서 설명한 각 종목마다 자주 발생하는 외상과 장애에 대하여 정리한 것이다.

〈표20〉종목별 자주 발생하는 외상과 장애

종목/상해강도	1	2	3	4	5
스 키	하퇴골 골절	슬관절 염좌	족관절 염좌	족관절 골절	슬내장
야 구	지골 골절	지 염좌	족관절 염좌 = 요배통		
소프트볼	지골 골절	지탈구 염좌	지염좌 = 하퇴타박 = 비복근내손상		
축 구	족관절 골절	족관절염좌 = 슬내장 = 족장 타박 = 반월판손상			
럭 비	족관절 염좌	경추염좌	견쇄관절탈구	지골골절	
배 구	지관절 염좌	지골골절 = 요배통 = 슬내장			지 염좌
농 구	지 염좌	지 관절 골절	지골 골절		수 관절염좌
골 프	요배동	늑골 골질	복근내손상 = 상완골외상과염		
유 도	견쇄관절탈구	늑골 골절		견쇄관절과대손상	
태권도	지 타박 = 발뼈	골절	늑골골절 = 지탈구 = 지골골절		
권 투	발뼈 골절	전완타박	슬좌상		
등 산	족관절 골절	배낭마비			

2) 스포츠 상해의 발생원인

스포츠의 외상은 한정된 횟수(일반적으로 1회)의 외력이 신체에 작용하였을 때 발생하는 것이기 때문에 스포츠 종목마다에 특징이 많으므로 정의를 잘 내릴 수 있다. 그것에 비하여 스포츠 장애는 그 발생 기전이 불분명한 것이 많다. 즉, 수영에서 어깨, 축구에서 발목등이 서로 충격을 주고받는 곳도 있다.

① 과도사용(over use) : 야구에서 팔꿈치, 수영에서 어깨, 런너에게 무릎 등 대부분의 스포츠 장애의 주된 원인이 된다.
② 작은 외상의 반복 : 피로 골절, 등뼈 분리증 등.
③ 해부학적 특성 : 무릎의 이상 배열에 의한 무릎뼈 연화증, 편평족장 애 등 이상이 원인이 된 것.
④ 충돌성 증후군 : 수영에서 어깨, 축구에서 발목 등 서로 충격을 주고 받는 곳.
⑤ 교액성(絞扼性) 증후군 : 발목관 증후군, 몰튼병 등 신경이 기계적인 자극을 받아서 생긴 것.
⑥ 스포츠를 하는 장소의 영향 : 조깅하는 지면의 굳기, 오르막 및 내리막 등에 영향.
⑦ 스포츠 용품의 영향 : 운동화 스파이크 부작용으로 제1 종자뼈 장애.
⑧ 자세의 결함 : 자세가 미숙하여 관절에 무리가 되는 현상 테니스의 팔꿈치, 야구의 팔꿈치 등.

이러한 장애들은 하나의 원인으로 작용하는 것이 아니고 몇 개가 조합되어 스포츠장애를 일으키는 것으로 추정된다.

2. 발생빈도가 높은 상해의 이해

스포츠 상해의 종류는 그 범위가 매우 넓고 다양하므로 앞 〈표 20〉에서 언급되었던 종류를 중심으로 설명한다.

1) 염좌(捻挫)

염좌는 그 이름 그대로 비틀리고 꺾인 형태를 말하는 것이다. 즉,

관절이 외력을 받아서 정상 운동범위 이상으로 늘어난 경우 인대가 부분적으로 파열된 손상을 말한다. 주요한 손상 부위는 골절, 탈구, 건 단열을 제외한 인대, 관절포, 피하조직이다. 일반적으로 염좌는 관절 외상의 총칭으로 쓰이는 용어이다. 그렇다고 어렵게 생각할 것은 아니지만 그 취급에는 신중을 기하고 염좌는 가벼운 증상이라고 생각하는 것은 금물이다.

염좌는 무릎과 발목에 흔히 발생하는데 통증, 종창, 변색 등의 증상이 특징적이다. 손상 직후에는 운동시 기능장애가 그리 심하지 않으나 2~3시간이 경과하면 심해진다. 골절과 탈구와는 달리 신체 형태의 변형을 가져오지는 않는다.

일반적으로 염좌는 골절손상과 같은 방법으로 처치되는데 손상 후 즉시 환부의 골절을 편안한 위치로 해주고 부목이나 압박붕대를 이용하여 감은 후 손상부위를 위로 약간올린 상태로 얼을 찜질을 한다. 그리고 중등증(中級:심한 통증을 동반시) 일 경우에는 병원으로후송하여 골절유무를 확인하는 것이 중요하다.

적절한 처치를 하기 위하여 상처의 상해를 구분하는 것이 매우 중요한데 그 구분은 다음과 같다.

㉠ 걸을 수 있는가? 관절을 움직일 수 있는가?
㉡ 어느 부위가 어느 정도 부어 있는가?
㉢ 어느 부위를 누르면 아픈가?
㉣ 피하 출혈은 없는가? 상처부위의 넓이가 어느 정도인가?

2) 타박

타박이란 단단한 물체에 맞았을 때 생기지만 건 단열, 골절과는 다르므로 주의 하여야 한다. 일반적으로 종창, 압통, 운동 시의 통증등이 크면 골절을, 또한 표면에서 근의 함몰이 만져지거나 근 수축이 되었을 때 압통이나 근의 함몰이 생긴다면 건 단열일 수도 있다. 이때에는 국소를 차게 하고 테이핑, 부목, 붕대 등을 고정하고 병원의 처치를 받도록 한다.

3) 탈구

탈구는 관절면으로부터 골단이 이탈하는 것으로 간혹 뼈를 지지해주는 인대가 파열되기도 한다. 어깨, 팔꿈치, 손가락, 엉덩이, 발목 등이 가장 손상 받기 쉬운 부위이다.

탈구된 골단이 신경이나 혈관을 누르게 되면 그 이하 부위에 감각이상, 마비, 무맥 등의 증상이 나타난다. 그러므로 모든 골절, 탈구 환자들은 손상이하 부위의 감각, 근육운동, 맥박 등을 살펴보아야 한다. 무맥은 상황의 위중함을 뜻함으로 병원으로 후송해야 한다. 탈구의 처치는 발견된 상태 그대로 부목을 대주고 서투른 방법으로 맞추려 하지 말고, X선 사진 촬영 후 처치하는 것이 바람직하다.

탈구는 외상성(외력에 의하여 생긴 것), 선천성(기형적 이상), 병적탈구(신경질환 등으로 근육이 이완되기 때문에 탈구되는 것 등) 등으로 구분한다. 또한 관절면의 일부가 접촉을 유지한 상태를 아탈구라고 한다. 특히 외상성 탈구의 경우는 관절포를 둘러싸는 관절 지지조직에 반드시 손상 즉, 단열이 있다.

탈구는 뼈와 뼈가 생리적인 위치 관계를 벗어난 상태이기 때문에 환자의 외관, 즉 관절부에서의 변형, 종창 등으로 어느 정도 판단할 수 있다. 그러나 더 확실히 하기 위해서는 세밀한 관찰 즉 X선촬영을하여 조치하는 것이 바람직하다.

4) 골절

골절이란 외력에 의하여 생리적 연속성이 끊어진 것을 골절이라고 한다. 피부 손상이 없는 골절을 폐쇄성 골절(단순골절)이라 하고, 골절면의 노출 여부에 상관없이 피부상처와 함께 골절된 경우를 개방형 골절(복합골절)이라 한다.

골절은 발생 직후에 전신 쇼크로 나타나는 일이 있지만 비교적 가벼운 골절의 경우는 수 시간 이상 이러한 증상이 계속되는 경우는 거의 없다. 그러나 중대한 부손상(내장손상이나 큰 혈관의 단열이 있는 경우) 상태는 악화로 이어진다.

골절에 이어 나타나는 쇼크현상의 발생은 역으로 부상 후에 이 증상의 유무, 즉 부상 후 한기가 있었던지, 정상이었던지 정도를 파악하여 골절의 상해 정도를 파악할 수 있다.

부상을 당한 후 환자가 멍한 상태로 있을 때에는 몸을 강하게 흔들거나 움직이게 하거나 큰소리를 내어 놀라게 하거나 급히 일으켜 세우거나 하면 쇼크 증상이 악화 되므로 신중을 기하여야 한다. 이 때에는 그 자리에서 몸을 옆으로 누이고, 잠시 증상이 안정될 때까지 안정시키고 전신을 따뜻하게 해 준다.

특히 주의 할 점은 넙적다리뼈 골반 등의 골절에서는 골절 부위 내에서의 내출혈이 500~1000㎖에 달하는 일도 있기 때문에 일시적으로 빈혈 상태가 되고 얼굴이 창백해지고 손발에서의 맥박이 약해지는 일이 있다(출혈성 쇼크). 이때에는 상처를 심장보다 조금높게 하면 다리의 혈액이 심장으로 돌아가는데 효과적이다.

5) 건 단열

건 단열에서 대표적인 것이 아킬레스건 단열이다. 아킬레스건 단열이 스포츠외상에 대표적이지만 그 밖에도 손가락 및 발가락의 건 손상도 가끔은 생긴다.

아킬레스건의 단열을 보면 그 메커니즘이 일반적으로 종아리 세갈래 근이 긴장하여 아킬레스건이 팽팽해져 있을 때 급히 몸을 앞으로 기울게 하거나 계단 같은 곳에서 발을 잘못 놓아 발목 관절의 배굴이 억지로 강요 되었을 때 아킬레스건에 강한 장력이 가해지므로 건 단열이 생긴다.

아킬레스건과 같이 두꺼운 건에서는 단열시 둔탁하기는 하나 확실한 소리가 들리지만 손가락이나 발가락 등에서는 소리가 들리지 않는 경우가 많다. 상태를 확인 하고자 할 경우 그 건을 긴장 시켜 놓고 다시 힘을 가하는 듯한 동작을 하면 둔탁한 소리와 같이 환부를 움직일 수 없게 된다.

아킬레스건 단열의 경우에는 발가락으로 서는 것이 불가능하며 두 다리로 서는 일은 가능하다. 환부의 건에 함몰을 손가락으로 느낄 수 있다.

6) 근육 경련

신체의 훈련으로 인하여 발생하는 근육 경련의 대표적인 것은 장딴지 근육의 갑작스런 경련을 말하는 것으로 (하퇴삼두근)그 원인은 다음과 같다.

㉠ 충분한 준비운동부족
㉡ 고온 다습한 곳에서 달리기 등에 의한 염분 결핍
㉢ 과로
㉣ 꼭 조이는 유니폼 착용
㉤ 과도한 발한

다음과 같은 순서로 처치를 하면 효과를 볼 수 있다.

㉠ 원인을 제거한다.
㉡ 환부를 부드럽게 골고루 마사지를 한다.
㉢ 경련이 일어난 다리의 발끝을 가볍게 쥐고 역방향으로 누른다. 장단지 근육의 경련 시에는 발목을 위로 천천히 배굴한다.
㉣ 혼자서 실시 할 경우에는 단단한 물건을 이용하여 강하게 누른다.

7) 뇌진탕

뇌진탕이란 머리에 외부에서 힘이 가해져 생긴 외상을 두부 외상이라 하고, 손상 부위에 따라 4개로 분류된다.

㉠ 연부조직(피부 등)의 손상
㉡ 두개 골절
㉢ 두개 내 혈종
㉣ 뇌실질의 손상

재론하면, 뇌진탕이란 의식 장애 등을 동반하는 두부 손상이며 가벼운 경우는 머리가 멍하고 귀 울림(이명)이 있고 중증에서는 의식을 잃는다. 그 의식 장애의 강약을 보면 다음과 같다.

㉠ 의식 장애가 없는 경우

부상의 상황을 잘 기억하고 자기의 처지를 올바르게 인식하고 있을 때, 그러나 이 경우에도 주의 깊은 관찰이 필요하다. 이 이유로는 뇌실질에 무언가에 의하여 타력을 받은 결과이기 때문이다.

㉡ 의식 장애가 가볍게 있는 경우

부상 직후 의식을 잃었거나 부상의 상황을 잘 기억하지 못했다면 잠시 안정을 찾은 후 병원으로 가도록 한다. 의식 회복이 늦을 경우 물을 끼얹는 것과 소리를 내어 부르거나 꼬집는 것도 한 방법이다.

㉢ 완전한 의식 장애의 경우

부상 시부터 의식이 없고 코를 골거나 호흡이 규칙적으로 고르지 못하거나 전신이나 반신의 경련을 동반하는 경우이다. 이와 같은 경우는 중대한 뇌 좌상으로 생각되므로 긴급히 후송하는 것이 필요하다. 호흡을 편안히 하기 위하여 옆으로 눕히고 얼굴도 옆으로 향하게 한다.

8) 열사병

열사병은 스포츠에서 가장 위험한 장애인데 적절한 조치를 초기에 하지 못하면 사망에 이를 수도 있다. 온도가 높은 때에 특히 주의를 하여야 한다. 미국에서는 운동선수의 사망원인으로 제2위를 차지한다.

고온에 의해 발생하는 장애를 총칭하여 열중증이라 하지만 다음과 같이 3가지로 분류한다.

㉠ 열경련 : 발한에 의한 염분결핍 현상으로 경련이 일어나는 것.

㉡ 열피로 : 대량의 발한 때문에 탈수증 쇼크가 생긴 것.

㉢ 열사병, 일사병 : 체열 생산과 열 방산의 밸런스가 무너져 열이 체내에 쌓인 상태.

증상을 살펴보면 기온이 30℃ 이하일 때에 체중의 15%, 서늘한 때에도 체중의 20% 이상의 체내 수분을 잃게 되면 사망한다. 그 증상으로는 다음과 같다.

㉠ 두통, 구토, 현기증, 의식장애

㉡ 피부가 붉은색으로 건조해짐

㉢ 직장 체온의 상승(40℃ 이상)

원인으로는 다음과 같은 이유를 들 수 있다.

㉠ 고온 다습한 환경에서의 신체 운동이 익숙하지 않을 때.

㉡ 몸의 컨디션이 나쁠 때

㉢ 신체 활동을 하기에 적합하지 않은 비만

㉣ 약제의 사용 (암페타민, 신경안정제, 이뇨제 등)

㉤ 현기증, 구토, 두통, 경련 등이 나타나지 않는 운동자. (몸의 이상 유무는 본인이 가장 잘 알므로 초기증상에서 수분을 공급하고 안정을 찾아야 한다.

㉥ 수분이 발산하지 않는 땀복 착용 (플라스틱 옷의 착용에 의한 체온의 상승은 시간당 5℃씩 상승하므로 주의 하여야 한다.)

3. 응급처치의 원리

응급처치(First aid)는 일반인의 삶속에서도 또 운동을 하는 모든 사람에게 운동 상해의 치료 프로그램으로써 가장 중요한 위치를 차지할 것이다. 선진국의 교육적 측면을 보면 초등학교부터 응급처치를 체계적으로 교육하여서 고학년이 되면 간단한 응급처치는 실시할 수 있다고 한다.

그 동안 응급처치는 의사나 전문응급구조대만 할 수 있는 것으로 인식하여 일반인은 무관심하였으나 그러한 편견은 버려야 한다. 갑자기 일어나는 긴급 상황은 긴급구조를 요청한다 하여도 시간이 촉박하여 응급처치의 시간 5분을 초과하여 사랑하는 사람의 목숨을 잃게 할 수 있기 때문이다. 많은 통계를 볼 때 긴박한 위험의 심혈관계 질환, 교통사고 등으로 인하여 사망하는 총계의 약 1/3은 응급처치를 제때에 실시하면 충분히 막을 수 있는 것이라 발표하고 있다.

응급처치의 간단한 원리만 갖고 있다면, 고통을 줄이고 더 나아가서는 생명을 구할 수 있음을 상기하여 기초부분을 숙지하기 바라며, 본장에서는 신체훈련에서 발생하는 생해를 살펴본다.

그 상해의 종류를 보면, 일반적으로 일어나는 증상은 부어오르는 증세(swelling)이다. 출혈(bleeding), 윤활유(synovial fluid)의 생성, 생성물에 의한 염증의 축적, 수종(edema), 그리고 몇 가지 요인의 복합 작용에 의해 부어오르는 증세를 보이게 된다.

어떠한 기전이 포함되던지 부어오르는 증세는 상해 부위에 압박을 증가시킨다. 이러한 압박으로 고통을 느끼게 되는 것이다. 부어오름은 또한 근 신경적 저해를 야기하는데 이로 인해 근수축이 약화된다. 부어오름은 상해 후 72시간 동안 나타난다. 일단 부어오르기 시작하면 치료과정은 부기가 빠질 때까지 중단된다. 그 이유로는 상해부위는 부어오른 증세가 없어질 때까지 정상적으로 돌아오지 않기 때문이다.

그러므로 응급처치 시에는 부어오르는 것을 통제하는 하는 것이 제일 급선무이다. 앞에서도 언급하였듯이 부어오름이 상해의 급성단계에서 통제만 된다면 재활하는데 걸리는 시간은 상당히 단축되기 때문이다.

부어오르는 것을 통제하기 위해서는 PRICE 원리가 있다, 즉 Protection(보호), Rest(안정), Icing(냉각), Compression(압박),Elevation(환부높임)이 적용된다.

각각의 요소는 부어오름을 제한하는데 중요한 역할을 하며, 모든 요소들이 함께 이루어져야 한다.

1) 보호(Protection)

일단 운동 상해를 입게 되면 침착해야 한다. 그리고 우선적으로 상처부위에 세균에 의해 감염되지 않게 하고, 더 이상 제2차 상해를 당하지 않도록 상처를 보호하는 것이 중요하다.

상해 부위는 적절한 부목, 보조기, 패드, 또는 다른 고정적인 장치를 사용함으로서 가중되어 발생할 수 있는 또 다른 상해로부터 보호되어야 한다.

2) 안정(Rest)

아무리 작은 외상이라도 휴식은 매우 중요하다. 그리고 주의 깊게 관찰하여야 한다. 일단 해부학적 조직이 상해를 입으면 그 조직에 대한 치료에 들어가야 한다. 상해를 입은 조직이 치료나 휴식을 하지 않고 다시 외부의 자극을 받고 과다 운동을 하게 되면 조직은 치료과정에 들어갈 기회를 잃고 만다.

더 큰 문제는 상처의 악화로 회복이 어려우며 더욱은 치료를 위하여 몇 배의 시간을 소모하여야 한다는 것이다.

휴식에 필요한 시간은 상해 정도에 따라 모두 달리하여야 할 것이나, 경미한 상해라도 48~72시간 정도는 휴식을 취하는 것이 바람직하다. 여기서 휴식이란 아무것도 하지 않고 누워있는 것을 의미하는 것이 아니라 휴식은 단지 상해를 입은 신체부위만 적용하는 것을 말한다. 이 기간 동안 심혈관계 운동과 스트레칭 등을 통해 상해를 입지 않은 부위를 사용하여 지속적인 신체훈련은 하여야 한다.

3) 냉각(Icing)

냉각은 근골격계의 상해를 포함한 모든 상황에서 실질적으로 선택하는 초기 치료 방법이다. 상해를 입은 후 고통을 줄이고 국부적인 혈관 수축을 촉진하기 위하여 냉각을 하게 되는데 출혈과 부종을 통제하게 된다. 환부를 차게 하기 위하여 얼음이나 물을 사용하지만 아이스 팩이나 콜드 스프레이 등을 사용하여도 된다.

냉각은 또한 활액낭염, 건활막염, 건염 등 급성 염증 단계에서도 사용되는데 이러한 증상에서 발생하는 열은 고통과 부어오르려는 증세를 야기한다.

냉각은 근 경련과 고통을 수반하는 경련성 조건을 감소시키는데 사용된다. 냉각이란 것에 최대 장점은 진통효과일 것이다. 즉 냉각에 의해 피부의 감각 수용체는 충격을 받아 가해진 충격을 잃게 되기 때문이다. 그러므로 냉각 치료를 함으로서 처음에는 차가움에 대한 불편한 감정을 가지게 되며, 타는 듯한 느낌과 동통이 뒤따르고 마침내 완전히 무감각화 된다.

피부 밑에 존재하는 지방조직으로 인하여 열전도율이 낮기 때문에 짧은 시간의 냉각치료는 깊숙한 조직에는 효과가 없다. 따라서 20~30분 정도 냉각의 시간을 갖는 것이 바람직하다. 그리고 냉각은 상해 후 최소 72시간은 행하는 것이 좋다.

4) 압박(Compression)

압박을 시기적절한 때에 실시하면 부어오르는 증세를 완화 시킬 수 있는 중요한 처치이다.

압박의 목적은 상해를 입은 부위에 압박을 가함으로써 부어오를 수 있는 공간을 감소시키기 위함이다.

압박을 가하는 가장 좋은 방법은 탄력성 붕대를 이용하여 상해를 입은 부위에 일정한 압력을 가하여 고정시키는 것이다.

오랫동안 압박 붕대를 하게 되면 조직에 압력이 가중되기 때문에 고통스럽게 된다. 그러나 상당한 고통에도 불구하고 부어오르는 것을 방지하기 위해 압박 붕대를 꼭해야 한다.

갑자기 발생한 상해는 적어도 72시간 동안은 압박붕대를 계속하고 있어야 한다. 과도한 운동에 의한 건염, 건초염, 활액낭염 등 염증 진행형 증세에서 부어오름이 완전히 없어질 때까지 압박붕대를 하고 있어야 한다.

5) 환부 높임(Elevation)

환부를 높여 주는 것도 부어오름을 통제하는데 도움을 주는 요소이다. 상해를 입은 부위, 특히 말단 부위는 사지의 혈액 침체(blood pooling)의 영향을 제거하기 위해 높여 주어야 한다.

환부 높임은 정맥혈의 배수와 상해를 입은 부위로부터 유출액을 순환계로 되돌리는데 도움을 준다. 환부를 높여 주는 각도는 크게 할수록 부어오름을 감소시키는데 효과가 더욱 크기 때문이다.

4. 운 반

1) 응급처치를 실시하기 전 운반

심하게 다친 환자에게 가장 위험한 것 중 하나가 불필요한 이동이다. 보통 처치를 할 때 환자를 옮겨야만 하는 위험한 상황과 마주치게 될 수 있다. 대부분의 경우 환자를 발견했을 때 응급처치 단계를 따르는 것이 바람직하다. 환자를 옮기는 것은 또 다른 부상과 고통을 줄 수 있으며, 환자의 회복을 악화시킬 수도 있다.

환자를 옮겨야만 하는 세 가지 일반적인 상황이 있다.

첫째, 가장 중요한 것은 불, 산소부족, 폭발위험, 건물붕괴와 같은 급박한 위험에 처했을 때이다.

둘째, 더 심각한 상태에 있을지 모르는 다른 환자를 돌봐야 할 때이다. 이런 경우 즉시 처치가 필요한 사람을 구하기 위해 처치원은 환자를 최소한의 부상으로 옮길 수 있다.

셋째, 적당한 처치를 하기 위해서 환자를 옮겨야 할 수도 있다.

예를 들어 맥없이 쓰러지고 혈액순환이 안 되는 사람은 심폐소생술이 필요하다. 심폐소생술은 딱딱하고 평평한 지면에서 행해져야 한다. 만약 지면과 공간이 치료하는데 적당하지 않는다면 환자를 옮겨야만 한다.

만약 환자를 옮기기로 결정하였다면 환자를 어떻게 옮길 것인가를 빨리 결정해야 한다. 신중하게 환자의 안전에 신경을 써야한다.

구조자는 자신도 위험해질 수 있다는 것과 환자의 체격과 상태, 그리고 구조자 자신이 어떤 도움을 줄 수 있는지에 근거해서 결정하는 것이 원칙이다.

구조자 자신이 부상당하지 않고 환자를 성공적으로 옮길 수 있도록 하여야 한다. 환자를 들 때 신체가 뒤틀리지 않도록 한다.

가능하면 작은 보폭으로 어디로 가고 있는지 보면서 앞으로 걸어간다.

머리, 목, 등의 부상이 있을 수도 있으니까 환자를 구부리거나 뒤틀리지 않도록 한다. 너무 커서 편안하게 이동할 수 없는 환자는 옮기지 않는다.

2) 운반 준비 및 일반적 유의사항

① 운반 준비

· 먼저 적절한 응급처치를 하였는지 확인한다. 충분한 처치를 한 후 안전하게 운반하는 것이 좋다.
· 운반방법을 정한다. 부상의 정도, 사고의 종류, 그리고 신속히 옮길 필요성, 구할 수 있는 운반기구 등의 조건에 따라 운반방법을 정한다.
· 필요한 기구를 준비한다.
· 운반에 필요한 인원을 확보하고 각자의 임무를 정한다.

② 일반적 유의사항

· 환자가 발생하면 응급구조사가 현장에 오는 것이 좋지만 실제로는 환자를 이송하는 경우가 있다.
· 대체로 이송이 필요한 환자는 시간적 여유가 어느 정도있는 사람으로 조급하게 서두르지 말고 충분한 응급처치를 한 다음 운반한다.
· 부상자에 대한 처치를 하였으면 구급차를 기다리거나 응급 의료 요원의 여부에 따라 부상자를 옮기는 것이 좋다.

3) 들것 만들기

부상자를 이송하기 위하여 들 것을 즉석에서 만들지 않으면 안될 경우가 많다. 사고현장에서 두개의 긴 막대기와 담요 혹은 상의로 대용 들 것을 만들 수 있다.

① 담요나 상의로 들것 만들기

· 담요가 있으면 땅위에 편 다음 막대기 한 개를 담요 길이의 1/3쯤 되는곳에다 놓고 짧은 담요 끝을 막대기 위로 접어 넘긴 후, 다른 막대기 위에 접어 올리면 대용 들것이 된다. 담요 한 장만 있으면 부상자를 그 중간에 눕히고 담요 양 옆을 중앙을 향하게 하여 말아서 들것을 만들 수가 있다. 담요를 부상자의 밑에다 넣으려면 담요의 2/3을 접어 부상자의 옆에 넣은 후 부상자의 어깨와 볼기를 붙잡고 담요가 놓인 반대편으로 조용히 들고 그 동안에 구조자로 하여금 접은 담요자락을 될 수 있는 한 부상자 밑에 깊이 밀어 넣은 후 부상자를 원상태로 담요위에 눕게 하고 · 담요를 잡아 펴면 부상자는 담요의 중간에 있게 된다. 그런 후에 담요의 양끝을 부상자에게 덮어준다.
  부상자를 들것에 옮기고 내리는 것도 운반에 있어서는 중요한 일이다. 부상자를 들것에 싣는 데는 최소한 세 사람이 필요하며 네 사람이면 더욱 좋다.
· 부상자의 두발을 함께 묶어 바로 눕힌다.
  한사람은 들것을 부상자의 옆에 가까이 놓고 다른 사람들이 부상자를들 때 부상자가 들것 위에 적당히 놓이도록 하기 위하여 대기한다.
· 다른 세 사람은 부상자의 부상하지 않은 쪽에 있되, 그 중 한사람은 어깨쪽에 한 사람은 허리, 한사람은 무릎 쪽에 모두 한쪽 무릎을 꿇고 앉는다.
· 어깨쪽에 앉은 사람은 부상자의 머리, 목, 어깨 및 등 밑에 손을 넣는다.
· 모든 준비가 끝났으며 지휘자가 "들어"라고 구령하고 다른 사

람들은 구령에 따라 천천히 주의하여 부상자를 들어서 일직선으로 나란히 앉아 있는 구조자들의 무릎위에 올려놓는다.

· 이때 대기하고 앉아 있던 한사람은 들 것을 부상자의 밑으로 넣는다.

그 다음에 "내려"라는 구령에 따라 부상자를 들 것 위에 조심하여 내려놓는다.

4) 운반법

① 1인 운반

㉠ 업기

이 운반법은 부상자의 손상이 이 방법을 써도 무방할 때에 사용한다.

구조자는 부상자의 두 팔을 자기의 어깨에 올려 환자의 겨드랑이가 자기의 어깨에 잘 올려 걸치게 한다. 그리고 다음에는 부상자의 두 손이 구조자의 앞가슴에 겹치도록 놓이게 하여 손을 잡고 이동한다. 구조자는 걸을 때에 몸을 앞으로 구부려서 부상자의 체중이 자기 등에 실리도록 한다.

〈그림 29〉 의식이 없을 때의 운반법

② 안 기

한 팔은 부상자의 두 무릎 밑에 넣고 다른 한 팔로 그의 두 겨드랑이밑을 껴서 앉는다. 이 방법은 부상의 정도가 심하지 않은 환자를 잠깐 옮길때에 사용한다.

③ 부축하여 걷기

부상이 가벼운 환자는 한 사람 혹은 두 사람이 부상자의 한 팔을 자기의 목뒤로 돌려 붙잡고 동시에 몸을 구부려서 환자 체중의 대부분이 운반인에게 실리도록 함으로써 부상자가 걸어가는 것을 도와준다.

〈그림30〉 부축법

④ 끌기 운반

부상자를 위험으로부터 빨리 이동시키기 위하여 구조자가 본인 혼자이며 도움으로도 걸을 수 없는 환자가 있다면 구조자는 그 환자를 끌 수 있다. 만약 환자의 머리, 목, 등에 부상이 있다고 의심된다면 그 환자를 끄는데 환자의 옷을 이용하면 된다.

환자의 목뒤에서 옷을 팽팽하게 만들어서 그 옷을 이용하여 환자를 당겨준다. 구조자의 손과 환자의 옷으로 머리를 받쳐준다.

〈그림31〉 환자끌기법

② 2인 운반

㉠ 서로 손을 잡는 방법

두 사람이 부상자의 양쪽에 한사람씩 꿇고 앉아 부상자를 일으켜 앉힌 다음, 두 사람은 각각 한 팔을 부상자의 겨드랑이 밑으로 등 위에 돌려 서로의 어깨에 손은 얹어 놓는다. 그리고 다른 한 팔을 부상자의 넓적다리 밑으로 넣어서 서로 손목을 꼭 붙잡은 후 동시에 일어난다. 만약 부상자가 의식이 있으면 양팔을 운반인들의 어깨에 걸치게 한다.

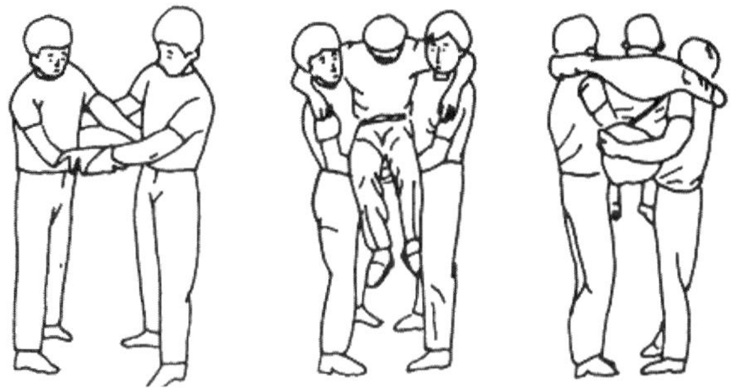

〈그림32〉 2인 운반

㉡ 의자를 이용한 운반 방법

부상자를 계단 위 또는 아래로 운반할 때에 의자를 운반기구로 사용하면 편리하다. 두 사람 중 한사람은 의자를 뒤로 또 다른 한사람은 의자의 앞다리 양쪽으로 붙잡고 들어 올려 운반한다.

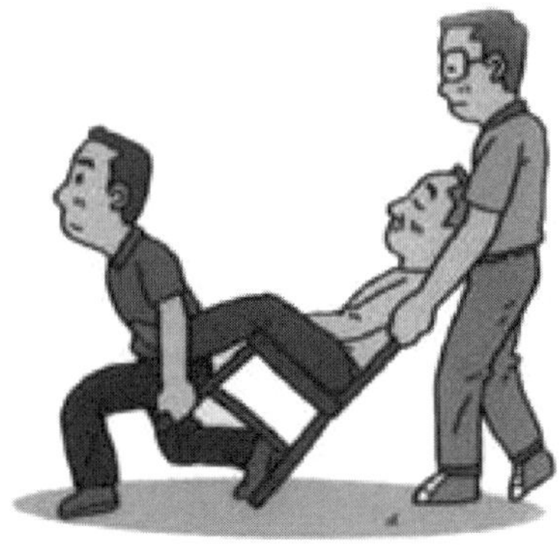

〈그림33〉 의자 운반법

③ 4인 운반

들것의 운반은 4인이 하는 것이 좋으며, 운반인은 들것의 앞뒤와 양쪽옆에 각각 한 사람씩 한쪽 무릎을 꿇고 자리를 잡는다.

구령에 의하여 들것을 들어 올리고 두 번째 구령으로 앞과 양쪽 옆에 있는 세 사람은 왼발부터 뒤의 지휘자는 오른발부터 걷기 시작한다.

지휘자는 부상자의 머리쪽에 위치하여 부상자의 상태변화를 볼 수 있게 하고 부상자의 발이 나아가는 방향을 향하게 한다.

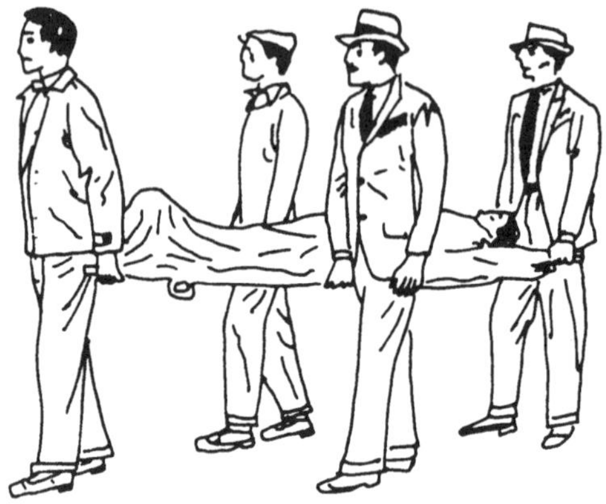

〈그림 34〉 들것으로 4인 운반법

부록

1. 체력측정종목

〈표21〉 1,200m달리기 기록에 의한 등급표(단위 : 초)

연령		1등급	2등급	3등급	4등급	5등급
남자	초1	464.2이하	464.3~536.4	536.5~632.2	632.3~739.7	739이상
	초2	452.9이하	453.0~492.6	492.7~552.7	552.8~617.6	617.7이상
	초3	423.2이하	423.3~475.7	475.8~533.3	533.4~587.6	587.7이상
	초4	365.4이하	365.5~443.7	443.8~489.9	490.0~542.3	542.4이상
	초5	357.0이하	357.1~410.3	410.4~457.1	457.2~485.0	485.1이하
	초6	340.8이하	340.9~391.4	391.5~436.3	436.4~486.1	486.2이상
	중1	315.4이하	315.5~343.7	343.8~392.5	392.6~444.3	444.4이상
	중2	312.0이하	312.1~338.2	338.3~382.4	382.5~427.0	427.1이상
	중3	300.7이하	300.8~324.8	324.9~360.7	360.8~415.2	415.3이상
	고1	302.0이하	302.1~331.4	331.5~381.2	381.3~427.5	427.0이상
	고2	285.6이하	285.7~326.4	326.5~358.6	357.7~400.4	400.5이상
	고3	288.8이하	288.9~323.5	323.6~356.5	356.6~401.2	401.3이상
	19~24	268.2이하	268.3~298.4	298.5~340.3	340.4~379.4	379.5이상
	25~29	282.6이하	282.7~314.2	314.3~366.7	366.8~412.8	412.9이상
	30~34	296.9이하	297.0~322.9	323.0~369.5	369.6~430.4	430.5이상
	35~39	305.6이하	305.7~333.7	333.8~383.3	383.4~432.8	432.9이상
	40~44	296.3이하	296.4~338.5	338.6~390.2	390.3~451.7	451.8이상
	45~49	325.5이하	325.6~364.1	364.2~423.3	423.4~497.2	497.3이상
	50이상	326.0이하	326.1!393.7	393.8!480.2	480.3~544.0	544.1이상
여자	초1	456.5이하	456.6~540.0	540.1!629.0	629.1~713.5	713.6이상
	초2	469.0이하	469.1~529.8	529.9~585.4	585.5~640.4	640.5이상
	초3	440.8이하	440.9~514.3	514.4~574.6	574.7~613.4	613.5이상
	초4	416.8이하	416.9~485.3	485.4~541.6	541.7~579.0	579.1이상
	초5	410.4이하	410.5~481.8	481.9~528.1	528.2~572.6	572.7이상
	초6	410.6이하	410.8~438.1	438.2~502.8	502.9~541.8	541.9이상
	중1	388.6이하	388.7~427.2	427.3~480.4	480.5~529.6	529.7이상
	중2	397.4이하	397.5~436.2	436.3~499.4	499.5~560.0	560.1이상
	중3	400.8이하	400.9~436.0	436.1~488.0	488.1~538.8	538.9이상
	고1	391.4이하	391.5~436.5	436.6~509.4	509.5~571.8	571.9이상
	고2	405.5이하	405.6~433.8	433.9~504.6	504.7~541.5	541.6이상
	고3	377.8이하	377.9~434.3	434.4~491.7	491.8~550.9	551.0이상
	19~24	350.3이하	350.4~401.4	401.5~462.2	462.3~528.5	528.6이상
	25~29	379.6이하	379.7~423.2	423.3~483.3	483.4~528.3	528.4이상
	30~34	374.5이하	374.6~429.5	429.6~479.2	479.3~531.2	531.3이상
	35~39	376.0이하	376.1~423.6	423.7~488.7	488.8~545.8	545.9이상
	40~44	388.5이하	388.6~433.0	433.1~519.0	519.1~601.0	601.1이상
	45~49	418.9이하	419.0~439.6	439.7~507.4	507.5~548.2	548.3이상
	50이상	424.5이하	424.6~467.1	467.2~551.3	551.4~617.8	617이상

〈표 22〉 윗몸 일으키기 기록에 의한 등급표(단위:회/분)

연령		1등급	2등급	3등급	4등급	5등급
남자	초1	33.80이상	33.7~28.9	28.8~18.5	18.4~3.7	3.60이하
	초2	40.30이상	40.2~31.7	31.6~23.6	23.5~9.4	9.30이하
	초3	39.30이상	39.2~33.6	33.5~25.9	25.8~15.8	15.70이하
	초4	41.30이상	41.2~34.3	34.2~26.3	26.2~19.0	18.90이하
	초5	43.90이상	43.8~36.4	36.3~29.2	29.1~20.8	20.70이하
	초6	48.00이상	47.9~41.0	40.9~30.1	30.0~23.2	23.10이하
	중1	48.30이상	48.2~42.0	41.9~34.0	33.9~24.3	24.20이하
	중2	49.20이상	48.2~42.0	41.9~34.0	33.9~24.3	30.50이하
	중3	50.60이상	50.5~43.2	43.1~36.5	36.4~31.0	30.90이하
	고1	59.10이상	59.0~45.4	45.3~37.2	37.1~32.9	32.80이하
	고2	52.00이상	51.9~43.3	43.2~35.1	35.0~29.3	29.20이하
	고3	55.00이상	54.9~47.7	47.6~40.0	39.9~30.5	30.40이하
	19~24	59.00이상	58.9~49.7	49.6~36.2	36.1~26.2	26.10이하
	25~29	53.00이상	52.9~43.7	43.6~33.2	33.1~25.9	25.80이하
	30~34	49.70이상	49.6~40.3	40.2~29.6	29.5~21.9	21.80이하
	35~39	44.60이상	44.5~37.2	37.1~28.9	28.8~22.1	22.00이하
	40~44	42.80이상	42.7~32.2	32.1~24.3	24.2~20.0	19.90이하
	45~49	39.40이상	39.3~30.4	30.3~22.6	22.5~14.6	14.50이하
	50이상	34.60이상	34.5~27.9	27.8~17.5	17.4~9.2	9.10이하
여자	초1	32.00이상	31.9~22.7	22.6~11.1	11.0~1.2	1.10이하
	초2	29.20이상	29.1~21.6	21.5~11.3	11.2~4.0	3.90이하
	초3	36.00이상	35.9~27.8	27.7~19.0	18.9~7.4	7.30이하
	초4	38.80이상	38.7~29.5	29.4~17.3	17.2~7.9	7.80이하
	초5	37.00이상	36.0~27.6	27.5~19.5	19.4~11.0	10.90이하
	초6	34.20이상	34.1~29.2	29.1~24.1	24.0~18.0	17.90이하
	중1	39.70이상	39.6~32.9	32.8~23.4	23.3~13.9	13.80이하
	중2	37.30이상	37.2~31.5	31.4~24.4	24.3~18.8	18.70이하
	중3	37.20이상	37.1~32.5	32.4~23.2	23.1~17.4	17.30이하
	고1	42.70이상	42.6~34.5	34.4~26.8	26.7~16.7	16.60이하
	고2	43.70이상	43.6~35.8	35.7~26.9	26.8~16.3	16.20이하
	고3	46.00이상	45.9~34.6	34.5~25.7	25.6~18.6	18.50이하
	19~24	48.20이상	48.1~39.6	39.5~25.5	25.4~16.0	15.90이하
	25~29	41.10이상	41.0~34.1	34.0~21.2	21.1~12.1	12.00이하
	30~34	37.60이상	37.5~27.2	27.1~17.9	17.8~5.3	5.20이하
	35~39	36.70이상	36.6 · 25.9	25.8~14.5	14.4~5.5	5.40이하
	40~44	29.80이상	29.7~19.9	19.8~6.6	6.5~0.7	0.60이하
	45~49	25.10이상	25.015.3	15.25.0	4.90.1	0.00이하
	50이상	23.60이상	23.5~12.4	12.3~1.2	1.1~0	0이하

〈표 23〉 팔굽혀펴기 기록에 의한 등급표(단위:회)

연령		1등급	2등급	3등급	4등급	5등급
남자	초1	27.6이상	27.5~17.3	17.2~9.4	9.3~4.2	4.1이하
	초2	34.8이상	34.7~19.8	19.7~9.5	9.4~3.4	3.3이하
	초3	27.3이상	27.2~2.0	19.9~7.3	7.2~3.9	3.8이하
	초4	32.7이상	32.6~19.2	19.1~9.7	9.6~4.4	4.3이하
	초5	28.1이상	28.0~19.0	18.9~9.9	9.8~3.3	3.2이하
	초6	29.3이상	29.2~19.4	19.3~10.3	10.2~4.8	4.7이하
	중1	33.6이상	33.5~20.1	20.0~11.4	11.3~4.5	4.4이하
	중2	36.8이상	36.7~25.7	25.6~16.7	16.6~9.9	9.8이하
	중3	34.9이상	34.8~26.6	26.5~16.3	16.2~9.5	9.4이하
	고1	44.6이상	44.5~30.3	30.2~18.2	18.1~13.1	13.0이하
	고2	41.0이상	40.8~34.4	34.3~24.4	24.3~17.8	17.7이하
	고3	49.5이상	49.4~40.0	39.9~27.4	27.3~19.7	19.6이하
	19~24	49.4이상	49.3~35.0	34.9~22.3	22.2~17.9	17.8이하
	25~29	49.9이상	49.8~35.8	35.7~24.7	24.6~17.3	17.2이하
	30~34	48.7이상	48.6~30.3	30.2~23.4	23.3~14.8	14.7이하
	35~39	38.1이상	38.0~29.4	29.3~18.7	18.6~15.1	15.0이하
	40~44	39.9이상	39.8~30.1	30.0~19.8	19.7~14.0	13.9이하
	45~49	36.8이상	36.7 · 24.4	24.3~17.9	17.8~13.1	13.0이하
	50이상	29.3이상	29.2~19.2	19.1~14.1	14.0~9.0	8.9이하
여자	초1	34.5이상	34.4~24.5	24.4~16.0	15.9~10.0	10.0이하
	초2	40.4이상	40.3~30.3	29.9~17.9	17.8~9.8	9.7이하
	초3	44.1이상	44.0~31.0	30.9~17.2	17.1~8.7	8.6이하
	초4	49.1이상	49.0~32.5	32.4 · 17.1	17.0~9.7	9.6이하
	초5	49.6이상	49.5~29.5	29.4~18.9	18.8~7.9	7.8이하
	초6	49.2이상	49.1~30.8	30.7~19.4	19.3~12.2	12.1이하
	중1	49.7이상	49.6~29.3	29.2~15.6	15.5~7.5	7.4이하
	중2	44.8이상	44.7~28.4	28.3~14.3	14.2~6.2	8.1이하
	중3	38.6이상	38.5~29.9	29.8~13.3	13.2~8.6	8.5이하
	고1	37.4이상	37.3~26.8	26.7~17.4	17.3~9.7	9.6이하
	고2	49.5이상	49.4~29.1	29.0~20.0	19.9~10.2	10.1이하
	고3	43.0이상	42.9~27.3	27.2~18.8	17.7~9.1	9.0이하
	19~24	38.4이상	38.3~25.5	25.4~17.9	17.8~8.9	8.8이하
	25~29	34.3이상	34.2~23.4	23.3~14.8	14.7~7.9	7.8이하
	30~34	39.7이상	29.6~26.8	26.7~14.2	14.1~9.9	9.8이하
	35~39	40.0이상	39.9~27.0	26.9~18.0	17.9~9.6	9.5이하
	40~44	39.4이상	39.3~24.3	24.2~14.7	14.6~6.2	6.1이하
	45~49	34.1이상	34.0~22.3	22.2~14.7	14.6~6.6	6.5이하
	50이상	35.1이상	35.0~25.1	25.0~13.2	13.1~4.8	4.7이하

〈표 24〉앉아서 윗몸 앞으로 굽히기 기록에 의한 등급표(단위:cm)

연령		1등급	2등급	3등급	4등급	5등급
남자	초1	15.1이상	15.0~10.7	10.6~5.7	5.6~2.4	2.3이하
	초2	15.5이상	15.4~11.5	11.4~6.0	5.9~2.2	2.1이하
	초3	13.6이상	13.8~9.8	9.7~5.0	4.9~1.2	1.1이하
	초4	15.0이상	14.9~10.7	10.6~5.9	5.8~1.8	1.7이하
	초5	14.0이상	13.9~10.2	10.1~4.3	4.2~0.7	0.6이하
	초6	15.6이상	15.5~10.4	10.3~4.7	4.6~0.4	0.3이하
	중1	15.1이상	15.0 · 11.4	11.3~5.9	5.8~2.0	0.1이하
	중2	17.9이상	17.8~13.9	13.8~7.9	7.8~1.4	1.3이하
	중3	20.6이상	20.5~14.6	14.5~7.3	7.2~1.4	1.3이하
	고1	21.6이상	21.5~17.3	17.2~10.3	10.2~4.3	4.2이하
	고2	23.0이상	22.9~17.2	17.1~12.9	12.8~5.1	5.0이하
	고3	22.3이상	22.2~17.5	17.4~10.8	10.7~3.9	3.8이하
	19~24	24.0이상	23.9~19.6	19.5 · 13.8	13.7~6.2	6.1이하
	25~29	25.1이상	25.0~19.2	19.1~13.3	13.2~6.3	6.2이하
	30~34	22.2이상	22.1~18.1	18.0 · 12.3	12.2~5.2	5.1이하
	35~39	22.1이상	22.0~17.2	17.1~10.8	10.7~5.1	5.0이하
	40~44	21.4이상	21.3~16.6	16.5~9.0	8.9~1.7	1.6이하
	45~49	20.1이상	20.0~16.5	16.4 · 10.8	10.7~3.8	3.7이하
	50이상	20.1이상	13.9~19.9	13.8~6.8	6.7~0.1	0.2이하
여자	초1	14.7이상	14.6~11.9	11.8~7.9	7.8~5.0	4.9이하
	초2	14.4이상	14.3~11.1	11.0~6.1	6.0~2.3	2.2이하
	초3	15.5이상	15.4~10.9	10.8~7.9	7.8~2.9	2.8이하
	초4	15.1이상	15.0~10.6	10.5~6.2	6.1~2.2	2.1이하
	초5	15.0이상	14.9~10.8	10.7~6.2	6.1~1.3	1.2이하
	초6	16.7이상	16.6~12.0	11.9~6.6	6.5~2.3	2.2이하
	중1	18.8이상	18.7~14.4	14.3~9.1	9.0~2.6	2.5이하
	중2	19.9이상	19.8~15.8	15.7~10.0	9.9~4.7	4.6이하
	중3	20.9이상	20.8~16.2	16.1~11.5	11.4~5.7	5.6이하
	고1	22.1이상	22.0~17.6	17.5~11.6	11.5~2.5	2.4이하
	고2	23.0이상	22.9~17.1	17.0~11.7	11.6~5.5	5.4이하
	고3	23.6이상	23.5~19.0	18.9~11.7	11.6~2.1	2.0이하
	19~24	28.0이상	27.9~23.6	23.5~16.2	16.1~9.3	9.2이하
	25~29	27.1이상	27.0~23.0	22.9~15.8	15.7~10.1	10.0이하
	30~34	26.1이상	26.0~21.6	21.5~17.3	17.2~11.1	11.0이하
	35~39	25.0이상	24.9~20.1	20.0~15.0	14.9~10.9	10.8이하
	40~44	26.3이상	26.2~19.5	19.4~15.0	14.9~10.2	10.1이하
	45~49	22.7이상	22.6 · 18.6	18.5~12.1	12.0 · 8.6	8.5이하
	50이상	23.0이상	22.9~19.3	19.2~13.9	13.8~8.2	8.1이하

〈표 25〉 제자리 멀리 뛰기 기록에 의한 등급표(단위: cm)

연령		1등급	2등급	3등급	4등급	5등급
남자	초1	140.80이상	140.7~124.5	124.4~109.4	109.396.4	96.30이하
	초2	157.60이상	157.5~139.4	139.3~124.7	124.6109.4	109.30이하
	초3	165.80이상	165.7~150.9	150.8~129.6	129.5117.4	117.30이하
	초4	175.00이상	174.9~159.0	158.9~142.3	142.2122.3	122.20이하
	초5	182.40이상	182.3~170.2	170.1~150.6	150.5138.1	138.00이하
	초6	200.80이상	200.7~182.2	182.1~158.3	158.2138.3	138.20이하
	중1	210.70이상	210.6~192.3	192.2~173.6	173.5149.8	149.70이하
	중2	229.70이상	229.6~213.8	213.7~191.4	191.3174.7	174.60이하
	중3	236.10이상	236.0~217.7	217.6~200.1	200.0180.7	180.60이하
	고1	255.40이상	255.3~239.6	239.5~218.9	218.8187.1	187.00이하
	고2	254.40이상	254.3~239.7	239.6~221.5	221.4200.5	200.40이하
	고3	261.50이상	261.4~245.3	245.2~221.5	221.4200.7	200.60이하
	19~24	251.30이상	251.2~239.8	239.7~219.5	219.4205.4	205.30이하
	25~29	251.90이상	251.8~237.1	237.0~215.6	215.5201.9	201.80이하
	30~34	245.60이상	245.5~231.6	231.5~214.5	214.4197.1	197.00이하
	35~39	239.30이상	239.2~225.0	224.9~207.5	207.4195.1	195.40이하
	40~44	234.20이상	234.1~219.5	219.4~203.2	203.1185.5	185.40이하
	45~49	234.30이상	234.2~214.1	214.0~197.6	197.5179.5	179.50이하
	50이상	218.00이상	217.9~200.0	199.9~175.0	174.9143.9	143.80이하
여자	초1	122.10이상	122.0~109.3	109.2~97.0	96.9~84.7	84.60이하
	초2	139.70이상	139.6~119.1	119.0~104.9	104.8~89.1	89.00이하
	초3	149.70이상	149.6~133.1	133.0~116.6	116.5~103.2	103.10이하
	초4	149.30이상	149.2~136.7	136.6~119.8	119.7~104.7	104.60이하
	초5	162.70이상	162.6~153.9	153.8~132.0	131.9~109.2	109.10이하
	초6	171.60이상	171.5~152.5	152.4~133.4	133.3~116.2	116.10이하
	중1	180.50이상	180.4~161.5	161.4~135.7	135.6~119.9	119.80이하
	중2	182.70이상	182.6~165.0	164.9~139.1	139.0~122.7	122.60이하
	중3	179.10이상	179.0~162.7	162.6~138.5	138.4~112.8	122.70이하
	고1	191.00이상	190.9~173.6	173.5~150.0	149.9~130.2	130.10이하
	고2	190.60이상	190.5~173.8	173.7~151.5	151.5~134.4	134.30이하
	고3	194.00이상	193.9~176.5	176.4~152.0	151.9~131.5	131.40이하
	19~24	195.80이상	195.7~170.4	170.3~147.4	147.3~131.3	131.20이하
	25~29	188.10이상	188.0~172.9	172.8~153.3	153.2~136.1	136.00이하
	30~34	180.60이상	180.5~167.9	167.8~149.4	149.3~134.4	134.30이하
	35~39	180.40이상	180.3~165.3	165.2~149.2	149.1~130.4	130.30이하
	40~44	168.40이상	163.3~154.7	154.6~137.7	137.6~114.3	114.20이하
	45~49	172.60이상	172.5~147.3	147.2~125.0	124.9~109.3	109.20이하
	50이상	148.90이상	148.8~128.2	128.1~107.9	107.8~82.3	82.20이하

〈표 26〉 50m 달리기를 기록한 등급표(단위: 초)

연령		1등급	2등급	3등급	4등급	5등급
남자	초1	9.9이하	10~10.7	10.8~11.8	11.9~12.9	13.0이상
	초2	9.2이하	9.3~9.8	9.9~10.6	10.7~11.8	11.9이상
	초3	8.9이하	9.0~9.5	9.6~10.7	10.8~11.4	11.5이상
	초4	8.5이하	8.6~9.1	9.2~10.0	10.1~10.9	11.0이상
	초5	8.3이하	8.4~8.8	8.9~9.5	9.6~10.2	10.3이상
	초6	7.9이하	8.0~8.3	8.4~9.4	9.5~10.2	10.3이상
	중1	7.7이하	7.8~8.1	8.2~8.8	8.9~9.5	9.6이상
	중2	7.2이하	7.3~7.7	7.8~8.4	8.5~8.9	9.0이상
	중3	7.3이하	7.4~7.6	7.7~8.2	8.3~9.0	9.1이상
	고1	7.0이하	7.1~7.3	7.4~7.8	7.9~8.4	8.5이상
	고2	6.7이하	6.8~7.2	7.3~7.8	7.9~8.2	8.3이상
	고3	6.9이하	7.0~7.1	7.2~7.7	7.8~8.4	8.5이상
	19~24	6.8이하	6.9~7.2	7.3~7.6	7.7~8.5	8.6이상
	25~29	6.7이하	6.8~7.1	7.2~7.7	7.8~8.4	8.5이상
	30~34	6.8이하	6.9~7.4	7.5~7.9	8.0~8.3	8.4이상
	35~39	6.9이하	7.0~7.4	7.5~8.0	8.1~8.4	8.5이상
	40~44	7.1이하	7.2~7.5	7.6~8.2	8.3~8.9	9.0이상
	45~49	7.5이하	7.6~7.9	8.0~8.8	8.9~9.7	9.8이상
	50이상	7.7이하	7.8~8.1	8.2~9.5	9.6~11.3	11.4이상
여자	초1	10.4이하	10.5~11.3	11.4~12.2	12.3~13.5	13.6이상
	초2	9.6이하	9.7~10.5	10.6~11.7	11.8~12.9	13.0이상
	초3	9.1이하	9.2~9.9	10.0~10.8	10.9~12.0	12.1이상
	초4	8.8이하	8.9~9.6	9.7~10.6	10.7~11.2	11.3이상
	초5	8.7이하	8.8~9.4	9.5~10.1	10.2~11.3	11.4이상
	초6	8.6이하	8.7~9.1	9.2~9.9	10.0~10.8	10.9이상
	중1	8.6이하	8.7~9.1	9.2~10.0	10.1~10.9	11.0이상
	중2	8.8이하	8.9~9.1	9.2~10.1	10.2~11.0	11.1이상
	중3	8.7이하	8.8~9.3	9.4~10.3	10.4~11.1	11.2이상
	고1	8.5이하	8.6~9.2	9.3~9.8	9.9~11.1	11.2이상
	고2	8.7이하	8.8~9.1	9.2~10.0	10.1~11.4	11.5이상
	고3	8.6이하	8.7~9.1	9.2~10.1	10.3~11.4	11.5이상
	19~24	8.2이하	8.3~9.0	9.1~10.1	10.3~11.7	11.8이상
	25~29	8.2이하	8.3~8.9	9.0~10.2	10.3~11.2	11.3이상
	30~34	8.4이하	8.5~9.2	9.3~10.1	10.2~11.7	11.8이상
	35~39	8.6이하	8.7~9.4	9.5~10.7	10.8~11.9	12.0이상
	40~44	8.6이하	9.0~9.7	9.8~11.1	11.2~12.7	12.8이상
	45~49	9.0이하	9.1~10.7	10.8~12.0	12.1~14.2	14.3이상
	50이상	9.9이하	10.0~11.5	11.6~13.2	13.3~15.5	15.6이상

〈표 27〉 점프스탭: 양쪽다리를 이용해 전 후 좌우로 10초에 몇 회 하는지를 측정 하는 것

체력나이	50대	40대	30대	20대	20대 아주 건강한사람
남자	1~17회	18~21회	22~24회	25~29회	30회이상
여자	1~15회	16~18회	19~22회	23~25회	26회이상

〈표 28〉눈감고 외발서기: 눈을 감고 서서 다리를 움직이지 않는 것

체력나이	50대	40대	30대	20대	20대 아주 건강한사람
남자	1~30초	31~49초	50~69초	70~89초	90초이상
여자	1~30초	31~49초	50~69초	70~79초	90초이상

〈표 29〉 제자리 멀리뛰기: 제자리에서 멀리 뛰는 것.

체력나이	50대	40대	30대	20대	20대 아주 건강한사람
남자	1~189cm	190~214cm	215~229cm	230~249cm	250cm이상
여자	1~109cm	110~129cm	130~149cm	150~169cm	170cm이상

〈표 30〉 팔굽혀펴기: 2초에 2회 비율로 실시하는 횟수

체력나이	50대	40대	30대	20대	20대 아주 건강한사람
남자	0~10회	11~15회	16~20회	21~28회	29회이상
여자	0~3회	4~5회	6~7회	8~10회	11회이상

〈표 31〉 윗몸 앞으로 굽히기: 상체를 최대한 굽혀서 3초간 정지한 상태

체력나이	50대	40대	30대	20대	20대 아주 건강한사람
남자	0~5cm	6~8cm	9~11cm	12~15cm	16cm이상
여자	0~8cm	9~12cm	13~15cm	16~18cm	19cm이상

〈표 32〉 숨 참기: 의자에 앉아서 크게 숨을 들이 마신 후 참는 시간

체력나이	50대	40대	30대	20대	20대 아주 건강한사람
남자	1~18초	19~23초	24~28초	29~32초	33초이상
여자	1~12초	13~15초	16~17초	18~19초	20초이상

〈표 33〉 종목별 득점표(남자)

득점	악력	윗몸 일으키기	좌전굴	사이드 스탭	급보	20m왕복 달리기	제자리 멀리뛰기
10	62kg이상	33회이상	61cm이상	60회이상	8분47초이하	95회이상	260cm이상
9	58~61	30~32	56~60	57~59	8분48초~9분41초	81~94	248~259
8	54~57	27~29	51~59	53~56	9분42초~10분33초	67~80	236~247
7	50~53	24~26	47~50	49~52	10분34초~11분23초	54~66	223~235
6	47~49	21~23	43~46	45~48	11분24초~12분11초	43~53	210~222
5	44~46	18~20	38~42	41~44	12분12초~12분56초	32~42	195~209
4	41~43	15~17	33~37	36~40	12분57초~13분40초	24~31	180~194
3	37~40	12~14	27~32	31~35	13분41초~14분29초	18~23	162~179
2	32~36	9~11	21~26	24~30	14분30초~15분27초	12~17	143~161
1	31kg이하	8회이하	20cm이하	23회이하	15분28초 이상	11회이하	142cm이하

〈표 34〉 종목별 득점표(여자)

득점	악력	윗몸 일으키기	좌전굴	사이드 스탭	급보	20m왕복 달리기	제자리 멀리뛰기
10	39kg이상	25회이상	60cm이상	52회이상	7분14초이하	62회이상	202cm이상
9	36~38	23~24	56~59	49~51	7분15초~7분40초	50~61	191~201
8	34~35	20~22	52~55	46~48	7분41초~8분06초	41~49	180~190
7	31~33	18~19	48~51	43~45	8분07초~8분32초	32~40	170~179
6	29~30	15~17	44~47	40~42	8분33초~8분59초	25~31	158~169
5	26~28	12~14	40~43	36~39	9분00초~9분27초	19~24	143~157
4	24~25	9~11	36~39	32~35	9분28초~9분59초	14~18	128~142
3	21~23	5~8	31~35	27~31	10분00초~10분33초	10~13	113~127
2	19~20	1~4	25~30	20~26	10분34초~11분37초	8~9	98~112
1	18kg이하	0회이하	24cm이하	19회이하	11분38초이상	7회이하	97cm이하

※ 악력 - 악력계를 잡을 때 잡는 손이 직각이 되도록 조절하고, 우측에서 좌측으로 2회실시하여 높은 것으로 책정한다.

※ 윗몸일으키기 - 누워 양손을 가슴에 얹고, 무릎을 90° 구부려 보조자가 잡아준다. 상체를 일으켜 팔꿈치가 무릎에 닿도록 하고 30초간 실시한 횟수를 기록한다.

※ 좌전굴 - 다리를 펴고 양발을 모아 선 자세에서 상체를 앞으로 굽혀 손을 펴서 측정한다. 2회 실시하여 좋은 기록을 선택한다.

※ 사이드 스텝 - 중앙선을 긋고 좌우 1m 거리에 선을 긋고 두발이 좌 · 우측선을 모두 넘어 왔다 갔다 하는 것을 20초간 측정한다. 이때 선을 밟거나 넘지 않으면 제외한다.

※ 급보 - (남자1,500m, 여자1,000m) 운동장에서 트렉을 빠르게 걸어서 도는 것으로 초시계로 시간을 측정한다. 측정할 때에는 반드시 준비운동을 실시한 후 에 시작하고 측정 후에는 정리운동을 한다. 주의사항은 질병이나 상해유무 등 건강 상태를 확인한 다음 실시함이 원칙이다.

※ 20m 왕복달리기 - 마루바닥을 이용하여 20m 주로를 만들고 주로 양끝에 30cm 반원을 그려 반원 안에 셔틀을 2개 놓아 시작과 함께 셔틀을 옮기는 것을 완료한 시간을 기록한다.

※ 제자리 멀리 뛰기 - 제자리에서 멀리 뛴 거리를 측정한다. 2회 실시하여 좋은 성적을 기록한다.

〈표 35〉 종합평가 기준표

단계	20~24세	25~29세	30~34세	35~39세	40~44세	45~49세	50~54세	55~59세	60~64세
A	50이상	49이상	49이상	48이상	46이상	43이상	40이상	37이상	33이상
B	44~49	43~48	42~48	41~47	39~45	37~42	33~39	303~6	26~32
C	37~43	36~42	35~41	35~40	33~38	30~36	27~32	24~29	20~25
D	30~36	29~35	28~34	28~34	26~32	23~29	21~26	18~23	15~19
E	29이하	28이하	27이하	27이하	25이하	22이하	20이하	17이하	14이하

〈표 36〉 체력나이 판정 기준표

단계	20~24세	25~29세	30~34세
20~24	46이상	50세~54세	30~32
25~29	43~45	55세~59세	27~29
30~34	40~42	60세~64세	25~26
35~39	38~39	65세~69세	22~24
40~44	36~37	70세~74세	20~21
45~49	33~35	75세~79세	19이하

2. 문화관광부

1) 역할

문화관광부는 문화예술의 창달, 전통문화의 보존, 전승발전과 문화관광산업의 육성, 관광 및 체육 진흥을 통하여 국민의 삶의 질을 높이고 21세기에 대비한 국가 경쟁력 강화를 목표로 관련정책과 시책을 수정, 추진하는 일을 한다.

2) 조 직 표

3)연혁

2006

주요내용

7월 25일 부서신설 및 명칭변경

종전의 과 체제에서 성과중심의 팀제로 전환

법무팀과 전통예술팀 신설

7월 1일 직급 및 정원 조정　　고위공무원단 제도 도입

4월 6일 부서신설 및 명칭변경

총무과를 행정지원과로 개편　　국립어린이청소년도서관 신설

1월 1일 책임운영기관 추가 선정 운영

국립현대 미술관

2005 12월 15일 부서신설
1과(장애인체육과)
8월 16일 부서신설 및 명칭변경
성과전략팀, 공간문화과, 문화기술인력과, 대외협력팀 등 4개 부서 신설
저작권 업무를 문화정책국에서 문화산업국으로 소관 변경
국립중앙박물관에 교육문화교류단 신설
한국예술종합학교에 기획처 신설
게임음악산업과를 게임산업과, 투자협력팀을 투자지원팀으로 개칭
6월 8일 재정기획관 직급 조정
4급 -> 3급
4월 27일 청소년국 정원 33명 청소년위원회로 이체
3월 31일 부서신설 · 폐지 및 명칭변경
공보관 폐지
기획관리실을 정책홍보관리실로 개편
홍보관리관 및 정책홍보팀 신설
예산담당관을 재정기획관으로 개칭
관광레저도시추진기획단을 신설하고 그 밑에 기획총괄팀, 관광레저시설팀, 투자협력팀을 둠
3월 2일 정원 조정 및 증원
본부 및 소속기관(국립중앙박물관.국립중앙도서관)의 직급별 정원 조정
기록연구사 1명 증원

2004 12월 31일 부서신설 및 증원
혁신인사기획관 및 종무담당관 신설
행정5급 1명 증원
11월 11일 부서신설 및 명칭변경
종무관 폐지, 종무실에 종교행정과 설치
문화정책국에 국제문화협력과, 지역문화과 신설, 국어정책과를 국어민족문화과로 개편
박물관.도서관 일부기능을 국립중앙박물관. 국립중앙도서관에 이관
예술국에 문화예술교육과 신설, 공연예술과를 기초예술진흥과로 개편
문화산업국을 문화산업국과 문화미디어국으로 분리
문화미디어국에 문화미디어산업진흥과, 방송광고과, 출판산업과를 신설
체육국에 스포츠여가산업과 신설
청소년국의 청소년과지원과.청소년수련과를 각각 청소년참여과. 청소년문화과로

개편
국립국어연구원을 국립국어원으로 개칭

2003 06월 27일 기획관리실 편제 조정 및 개방형 직위 변경
이사관.부이사관 또는 별정직(2급상당 또는 3급상당) 1인
4급 또는 별정직 4급 상당 1인
04월 07일 기관장정책보좌관 2인 신설
종전의 과 체제에서 성과중심의 팀제로 전환
법무팀과 전통예술팀 신설
03월 12일 국립중앙박물관장 직급 격상
학예연구관 -〉 정무직(차관급)

2002 05월 27일 국립중앙박물관 소속의 국립춘천박물관 신설
실1과
03월 09일 부서신설 및 명칭 변경
정보화담당관실, 생활체육과 신설
체육교류과 -〉 국제체육과

2001 05월 11일 부서명칭 변경
문화상품과 -〉 문화콘텐츠진흥과

2000 08월 19일 부서명칭 변경
관광시설과 -〉 국민관광과
07월 01일 국립중앙박물관 소속의 제주박물관 신설
1실1과

1999 05월 24일 해외홍보 및 문화재 관련업무 이관 (국정홍보처 및 문화재청)
1차관보 2실 6국 4관 27과 4담당관 9소속기관

1998 02월 28일 문화관광부 발족
(법률 제5529호 정부조직법 개정)
1차관보 2실 6국 5관 29과 5담당관 16소속기관

1997 07월 07일 문화체육부 소속의 청소년보호위원회 발족
'97 문화체육부 실무 공무원 정원 감축

- 1차('97년 3월20일) : 63명
- 2차('97년 8월) : 22명

1994 12월 23일 문화체육부 일부 조직 축소 및 업무 인수
생활문화국, 체육지원국 폐지,교통부의 관광국 업무 인수
05월 04일 국립중앙박물관 소속의 대구박물관 신설
1실 1과

1993 10월 07일 국립중앙박물관 소속의 부여박물관 신설
1실 1과
03월 06일 문화체육부 발족
(대통령령 제13869호, 문화부 · 체육청소년부 통합)
1차관보 3실 7국 34과 12담당관

1992 10월 30일 한국예술종합학교 설치
1처 1국 3과
한국예술종합학교 설치

1990 01월 03일 문화부 신설(대통령령 제12895호)
2실 4국 18과 11담당관
예술원사무국 신설
2과

1989 12월 30일 문화부와 공보처로 분리(법률 제4183호)
2실 4국
07월 24일 문화공보부 발족(대통령령 제3519호)

1968 06월 22일 공보부 신설(법률 제631호, 각령 제21호)
(법률 제353호, 대통령령 제1127호)
4국(조사국, 공보국, 문화선전국, 방송관리국)

1956 02월 09일 공보처 폐지, 대통령소속으로 공보실 설치
3국(공보국, 선전국, 방송관리국)

1948 11월 04일 공보처 신설(대통령령 제15호)
1실 4국(비서실, 공보국, 출판국, 통계국,방송국)

참고문헌

강동원(1990), 체육사, 보경사.

강신복(1985), 지성인의 체육, 지학사.

강충식 외(2002), 스포츠 상해 · 구급, 대한미디어.

공보길(1993), 여자가 안되고 남자는되고, 엘멘사.

공응대(1996), 운동생리, 형설출판사.

권육상(1998), 정신건강론, 유풍.

권일남 외(2003), 청소년활동지도론, 지학사.

김두현(1996), 예절과 의전, 출판 반.

김병준 외(2002), 체육학연구법, 무지개사.

김종훈 외(2000), 트레이닝 방법론, 교학연구사.

대한체육회 스포츠과학연구소(1985), 트레이닝의 이론과 방법, 태창문화사.

박영규(1996), 고려왕조실록, 들녘.

박영규(1996), 조선왕조실록, 들녘.

성동진(1989), 운동처방과 생리학, 형설출판사.

송기택(2002), 스포츠마사지, 도서출판 동남.

스포츠과학연구소(1983), 트레이닝이론과 방법, 대한체육회.

신갑호(1982), 현대체육관리법, 수문사.

신채호(1992), 조선상고사, 형설출판사.

오치선 외(2000), 청소년지도학, 학지사.

옥정석(1995), 운동과 건강, 태근문화사.

육군사관학교(1992), 무도교본, 형설출판사.

이병익(1992), 체육행정학, 경운사.

이홍진(1999), 무예 사범학개론, 토보콤.

이홍진 · 이충중외2인(2007), 뉴 응급처치, 교학연구사.

이희선(1998), 댄스의 원리, 한학문화.
임동규(1991), 무예사 연구, 학민사.
정길상(2002), 운동생리학, 대경북스.
정성태 · 전태원(2005), 체력육성, 교학사.
정인석(1988), 新현대심리학, 태광사.
정진선 외(2004), 상담의 이론과 실제, 동문사.
조현철(2004), 운동과 건강, 라이프사이언스.
채홍원(1991), 트레이닝 이론, 형설출판사.
하 성(2000), 신체활동과 체력트레이닝, 도서출판 홍경.
한국교육협회 · 사회교육연구회(1990), 사회교육방법론.
Cooper (1982) the Aerobic program for Total Well-Being, Bantam Books
Kari von Raumer. (1860). "physical Education" American Joumal of Education,
Lydiard, A. (1984). "The far시다 training"
Steinhaus, A. H. (1963). "Toward an Understanding of health and physical education." lowa :WMC Brown co,

찾아보기

저자소개

이흥진

· 명지대학교 체육학석사 · 교육학박사
· 사)한국사회체육진흥회 부회장
· 한국합기도 연합회 회장
· 한국경호무예 총연합회 회장
· 사)청소년 행복세상 회장
· 저서「무예사범학개론」외 무예관련 5권. 「new 응급처치」외 전공관련 3권
· 논문 "무예수련 청소년의 무예수련정도와 자기효능감 수준이 진로결정유형에 미치는 영향 분석"외 7편

김응준

· 경기대학교 체육학사
· 한국체육대학교 체육학석사 · 이학박사
· 국민생활체육협회 생활체조협의회 댄스스포츠 분과위원
· 사) 청소년행복세상 사무총장
· 논문 "기초체력지식검사의 적합도와 문항차별기능" 박사학위논문
· "중년여성용 4주 신체활동설문지의 적합도"
· "스포츠목표성향척도의 다집단 확인적요인분석과 잠재평균분석" 외 다수

박대선
(권법동작연구자)

· 명지대학교 체육학 학사 · 석사
· 사)대한궁중무술협회 연수원장
· 논문 "무예도보통지의 권법에 관한 연구" 석사학위논문

김희연
(경호동작연구자)

· 명지대학교 체육학 학사 · 석사
· 한국경호무예총연합회 사무국장
· 논문 "무도수련이 경호업무 직무만족에 미치는 영향" 석사학위논문

신체훈련론

지은이 이흥진
발행인 양철문
발행처 교학연구사

2008년 3월 2일 초판 인쇄
2008년 3월 3일 초판 발행

서울특별시 마포구 공덕동 105-67
전화 717-3554(영업부)
703-1140(편집부)
FAX 717-3567

등록번호 제10-17호(1980.4.14)
정가 10,000원
ISBN 978-89-354-0395-0 93690